GESCHICHTEN AUS DER BIBEL

Geschichten aus der

Bibel

Erzählt von Heinz Janisch
Mit Bildern von Lisbeth Zwerger

Mit Kommentaren und einem
Nachwort von Mathias Jeschke

NordSüd

DEUTSCHE BIBEL GESELLSCHAFT

ALTES TESTAMENT

NEUES TESTAMENT

ALTES TESTAMENT

DIE ERSCHAFFUNG DER WELT

AM ANFANG WAR DAS WORT, und das Wort war bei Gott. Die Erde war noch ohne Namen, sie war öde und leer, und dunkles Wasser bedeckte sie. Da sprach Gott: »Es werde Licht!«, und es wurde hell über dem dunklen, dunklen Wasser. Gott trennte das Licht von der Dunkelheit, er nannte das Helle Tag und das Dunkle Nacht. Dies war der erste Tag.

Es wurde Abend, es wurde Morgen.

Gott blickte auf das Wasser und das helle Licht darüber. Er sagte: »Himmel«. So schuf er den Himmel, ein Gewölbe hoch über dem Wasser, sodass er sagen konnte: Hier ist unten, dort ist oben. Dies war der zweite Tag.

Es wurde Abend, es wurde Morgen.

Gott sah auf das endlos weite Wasser vor seinen Augen. Er sagte: »Land«. Und Sand und Erde, Steine und Felsen wurden sichtbar, die dem Wasser Einhalt geboten und es im Zaum hielten. Gott nannte das trockene Land Erde und das wogende Wasser Meer.
Lange blickte Gott über die Erde.

»Ich will hier lebendiges Grün sehen«, sagte er, »Blumen und Bäume und Pflanzen aller Art sollen wachsen und duften und blühen!« So wurde es duftend grün, und Blumen und Blüten erfreuten seinen Anblick. Gott wusste, dass es gut war. Dies war der dritte Tag.

Es wurde Abend, es wurde Morgen.

Gott betrachtete, was er bisher geschaffen hatte. »Die Erde ist geschmückt mit leuchtenden Blumen«, sagte Gott. »Auch der Himmel soll geschmückt sein«. So schuf er die funkelnden Sterne und den Mond für die Nacht und die Sonne für den Tag, um Licht und Wärme zu geben. Dies war der vierte Tag.

Es wurde Abend, es wurde Morgen.

Gott tauchte die Hand unter Wasser und sagte: »Ich will hier Lebendiges sehen!« So schuf er die Fische und Krebse und Muscheln und alles, was unter Wasser zu leben vermag. Gott hob seine Hand hoch in die Luft und sagte: »Ich will auch hier Lebendiges sehen!« So schuf er die Vögel und die Insekten und alle geflügelten Tiere, die in der Luft wohnen können. Dies war der fünfte Tag.

Es wurde Abend, es wurde Morgen.

Gott sah das Leben im Wasser und in der Luft. »Ich will Tiere sehen, die über die Erde laufen, die auf ihr kriechen, in ihr wohnen, auch die Erde soll Wohnstatt sein für allerlei Lebendiges!« So schuf Gott alle Arten von Tieren auf Erden.

Er blickte auf alles, was er geschaffen hatte, und als er sein Spiegelbild im Wasser sah, sagte er: »Nun wollen wir den Menschen machen. Er soll mir ähnlich sein, und doch wird er unter den Tieren und Pflanzen leben, schön und verletzlich wie sie.«

Gott schuf den Menschen als Mann und als Frau. Er segnete sie und sagte: »Seid fruchtbar und vermehrt euch! Dies ist eure Erde. Geht hin in Frieden!« Dies war der sechste Tag.

Es wurde Abend, es wurde Morgen.

Am nächsten Tag wusste Gott, dass sein Werk vollendet war. Er blickte um sich, und er sah, dass es gut war. »An diesem Tag will ich ruhen«, sagte Gott, der Schöpfer. Er segnete den Tag und ließ die Strahlen der Sonne hell aufleuchten. Dies war der siebente Tag.

So hat Gott Himmel und Erde erschaffen und die Tiere und Pflanzen und Menschen und alles, was lebt.

Es wurde Abend, es wurde Morgen.

DAS PARADIES

GOTT HATTE DEN HIMMEL UND DIE ERDE GESCHAFFEN, das Oben und das Unten. Er hatte den Tag und die Nacht geschaffen, das Helle und das Dunkle. Er sah die Vögel und die Wolken am Himmel, er sah die Blumen und die Gräser auf der Erde. Überall war Leben, nur die Ackerböden waren noch kahl und voller Staub. Sie warteten auf den Regen.

Der Staub glitzerte im Licht.

Gott nahm eine Handvoll Erde in die Hand und zeigte sie der Frau und dem Mann an seiner Seite. Er hatte die Menschen aus dem Staub und aus der Erde des Ackerbodens geformt. »Aus Staub bist du, und zu Staub wirst du wieder werden«, sagte er zur Frau und zum Mann und schenkte ihnen den Atem des Lebens. Für den Mann wählte er den Namen Adam, die Frau nannte er Eva.

Gott betrachtete Adam und Eva, und die Menschen gefielen ihm. Adam und Eva waren nackt, aber sie schämten sich nicht, weder vor Gott noch voreinander.

Er holte die Tiere, die er erschaffen hatte, und zeigte sie Adam und Eva. »Es ist nicht gut für den Menschen, allein zu sein«, sagte er. »Hier sind viele Tiere, die ich geschaffen habe. Sie sind anders als ihr, und dennoch

sind sie Lebewesen wie ihr. Sie wohnen in der Erde, im Wasser oder in der Luft. Gebt ihnen Namen, die euch gefallen, und lebt friedlich an ihrer Seite.«
So schuf Gott eine Verbindung zwischen den Tieren und den Menschen.

Alles war Anfang, alles war hell und leicht. »Ich will einen guten Platz für uns schaffen«, sagte Gott. »Ich werde einen Garten anlegen.« Er ließ aus dem kargen Ackerboden Bäume wachsen. Kleine und große, prachtvolle und zierliche, wuchtige und schmale Bäume streckten ihre Äste und Zweige in die Höhe. Gott ließ einen breiten Fluss entspringen und teilte ihn in vier Ströme. So konnte er den Garten bewässern, und es gab genug Wasser für die Bäume und ihre Wurzeln und für alles, was im Garten wachsen wollte. Ein leichter, warmer Wind kam auf und ließ die Blätter an den Ästen und Zweigen rauschen. Auf den Bäumen wuchsen auch köstliche Früchte. Sie waren verlockend anzusehen, und jede Frucht war anders an Gestalt und Farbe.
Gott blickte voll Wohlgefallen auf den Garten und nannte ihn Eden.

Gott führte die Menschen zu zwei Bäumen in der Mitte des großen Gartens. Ein Baum war der Baum des Lebens, mit Wurzeln in der Erde und mit Ästen, die den Himmel berührten. Ein Baum war der Baum der Erkenntnis. Rot und verheißungsvoll leuchteten seine Äpfel an den Zweigen.
»Von allen Früchten in diesem Garten dürft ihr essen«, sagte Gott zu den Menschen. »Nur nicht von den Früchten vom Baum der Erkenntnis. Diese Früchte öffnen die Augen für alles, was gut und was böse ist. Haltet euch fern davon.«

Eine Schlange hatte Gottes Worte gehört. »Willst du nicht wissen, was dich erwartet, wenn du von der verbotenen Frucht isst?«, fragte sie Eva, die immer wieder neugierig zum Baum der Erkenntnis ging.
Eines Tages konnte Eva ihrer Neugier nicht länger widerstehen. Sie pflückte einen Apfel vom Baum der Erkenntnis und aß von der Frucht. Sie gab auch Adam ein Stück davon. Als Adam und Eva von den verbotenen Früchten gegessen hatten, war ihr Blick auf die Welt ein anderer. Sie schämten sich mit einem Mal ihrer Nacktheit. Rasch bedeckten sie sich mit Feigenblättern. Sie versteckten sich voreinander – und vor Gott. Denn zum ersten Mal verspürten sie Scham und Angst.

Da hörten sie Gott gegen den Tagwind kommen, mit schweren Schritten. »Wo bist du, Adam?«, fragte Gott, der doch alles gesehen hatte. Das sollte heißen: »Warum versteckst du dich vor mir?«
Adam duckte sich hinter einen Strauch, aber er wusste, dass er längst ohne Schutz war.

So trat er vor Gott, nackter als zuvor, trotz der Feigenblätter, und auch Eva stellte sich an seine Seite.
Gott war voller Zorn. Er wandte sich zuerst an die Schlange. »Du wirst deinen Weg von nun an im Staub suchen müssen«, sagte er zu ihr.

»Auf dem Bauch sollst du kriechen, tagaus und tagein, und die Menschen werden deine Nähe fürchten. Geh mir aus den Augen!«
Dann traf sein Blick Adam und Eva. »Ihr habt von dem Baum gegessen, von dem zu essen ich euch verboten habe!«, sagte Gott zornig. »Aus Staub und aus Erde seid ihr gemacht! Verflucht sei der Ackerboden euretwegen! Unter Mühsal werdet ihr von ihm essen, alle Tage eures Lebens. Disteln und Dornen wird er wachsen lassen auf dem Feld, neben den Pflanzen, die euch nähren werden. Im Schweiß eures Angesichts werdet ihr das Getreide für euer tägliches Brot anbauen und die Früchte für euer Leben ernten. Mit eurer Hände Arbeit werdet ihr das Land bebauen, bis ihr zurückkehrt zum Ackerboden, von dem ihr genommen seid. Denn Staub seid ihr, und zum Staub müsst ihr wieder zurück.«

Ein kalter Windhauch strich über Adam und Eva hinweg.
»Ihr habt vom Baum der Erkenntnis gegessen«, sagte Gott. »Ihr erkennt jetzt, was gut und was böse ist. Bestellt den Ackerboden, von dem ihr genommen seid, und lernt zu leben mit der Freude und mit dem Schmerz, mit der Trauer und mit der Hoffnung.«

Gott machte Adam und Eva mit wenigen, raschen Handgriffen Kleider aus warmen Fellen. Dann mussten sie den Garten Eden verlassen.
Östlich des Gartens von Eden stellte Gott die Kerubim auf, mächtige Engel mit einem lodernden Flammenschwert. Sie sollten für alle Zeit den Weg zum Baum der Erkenntnis bewachen. Gott hatte Adam und Eva aus dem Garten Eden vertrieben, weil sie nicht auf seine Worte gehört hatten. Allein gingen sie los, Hand in Hand, um den Weg zu gehen, den Gott ihnen gewiesen hatte.

In den ersten beiden Kapiteln werden zwei Texte nacherzählt, die sich auf den ersten Seiten der Bibel finden. Es sind die beiden sogenannten Schöpfungsberichte. Sie geben auf poetische Weise Vorstellungen davon wieder, wie diese Welt entstanden sein könnte. Im Zentrum aber steht die Frage nach der Herkunft alles Seienden. Die Grundaussage beider Texte lautet, es gibt einen Gott, der diese Welt und ihre Geschöpfe ins Leben gerufen hat, der sie gewollt und bejaht hat.
Gott schenkt seinen Geschöpfen die Freiheit. Das beinhaltet allerdings auch die Moglichkeit, dass sie sich von ihm abwenden konnen, wie es im Bericht von den Ereignissen im Paradies oder – im folgenden Kapitel – in der Erzählung von Kain und Abel geschieht.

KAIN UND ABEL

ADAM UND EVA HATTEN DAS PARADIES VERLASSEN. Eine Hütte zum Wohnen, ein karger Ackerboden, eine Herde Schafe – das gehörte nun zu ihrem neuen Zuhause.
Eva brachte zwei Söhne zur Welt. Die Eltern gaben ihnen die Namen Kain und Abel.
Abel wurde Schafhirt, Kain kümmerte sich um den Ackerbau. Adam und Eva hatten ihnen viel von Gott und vom Paradies erzählt, und so machten die beiden Brüder Gott manchmal ein Geschenk – sie brieten ein gutes Stück Schaffleisch ihm zu Ehren oder sie stellten eine Schale mit frischen Früchten auf einen selbst gebauten Altar. So wollten sie Gott um seinen Schutz bitten.

Kain wurde mehr und mehr eifersüchtig auf seinen jüngeren Bruder. Hatte Gott sich nicht über Abels Geschenke auf dem Altar mehr gefreut als über seine? Flogen Abel nicht leichter die Herzen seiner Eltern zu als ihm, dem Erstgeborenen? Solche Gedanken verdüsterten seinen Geist. Immer öfter ging Kain mit gesenktem Blick hinaus aufs Feld.

Gott sah Kains finsteren Blick und sagte: »Warum bist du so zornig? Warum wagst du kaum den Blick zu heben? Spürst du, wie die Eifersucht dein Herz vergiftet? Hast du Angst davor, dass man es in deinen

Augen sehen könnte? Achte auf deine Wut! Du musst der Herr über deinen eigenen Zorn sein, sonst wird er über dich herrschen!«

Aber Kain hatte den Kampf gegen seinen Zorn längst verloren. Er fasste heimlich einen Plan. Er führte seinen Bruder Abel zu seinen Feldern, um ihm die Ernte zu zeigen.

Als sie auf dem Feld waren, nahm Kain einen großen Stein und schlug seinen Bruder damit tot.

So wie Gott im Paradies nach Adam gefragt hatte, so fragte er am Abend Kain nach seinem Bruder. »Wo ist Abel?«, fragte Gott, als Kain allein nach Hause zurückkehrte. »Wo ist dein Bruder?«
»Ich weiß es nicht«, antwortete Kain mürrisch. »Bin ich der Hüter meines Bruders?«
Gott erhob seine Stimme. »Was hast du getan? Das Blut deines Bruders schreit zu mir vom Ackerboden! Ich sehe das Blut an deinen Händen, und ich sehe das Blut im Ackerboden. Dieser Boden wird dir keinen Ertrag mehr geben, weil du ihn mit dem Blut deines Bruders getränkt hast. Rastlos wirst du auf dieser Erde sein, vor dir selbst auf der Flucht, ein Getriebener, ein Ruheloser, der keine Heimat findet.«

Kain verbarg sein Gesicht zwischen den Händen. Er weinte bitterlich. Was hatte er getan!
»Du musst von hier weggehen«, sagte Gott. Er machte Kain ein Zeichen auf die Stirn, damit jeder sehen konnte: Kain steht unter dem Schutz Gottes. Noch in dieser Nacht verließ Kain das Land seiner Eltern.

Gott stellt Kain unter seinen Schutz. Doch im folgenden Bericht von der Sintflut scheint seine Geduld mit den Menschen erschöpft zu sein. Gott beschließt einen radikalen Neuanfang, die Menschheit hat ihr Lebensrecht verwirkt.

Aber mit Noah, seiner Familie und allen Tieren legt er eine neue Grundlage. Er rettet sie durch die große Flut hindurch. Nachdem sie wieder festen Boden unter den Füßen haben, wird der Regenbogen zum Zeichen für Gottes unverbrüchliche Treue und beständige Liebe, die zu Voraussetzungen werden für die gesamte irdische Geschichte.

DIE GROSSE FLUT

KAIN, DER BRUDERMÖRDER, hatte einst Böses getan. Bald wandten sich die Menschen mehr und mehr dem Bösen zu. Ihr Denken, Planen und Handeln war mehr darauf ausgerichtet, anderen zu schaden, als ihnen zu nützen. Und die Menschen waren grausam geworden im Umgang mit der Natur und mit den Tieren.
Großer Zorn erfüllte Gott. Es reute ihn, dass er die Menschen geschaffen hatte. Ihr Handeln und Tun taten ihm in der Seele weh.
»Ich werde einen großen Regen schicken«, sagte Gott schließlich. »Eine gewaltige Flut soll den Menschen, den ich erschaffen habe, vom Erdboden vertilgen, und mit ihm die Tiere und die Vögel des Himmels.«

Gott sah sich noch einmal um. Die Welt war voller Gewalt und Unrecht. Nur ein Mann fand vor seinen Augen Gnade. Das war Noah, der auf Gott vertraute und der seine drei Söhne zu Menschen erzogen hatte, die anderen wohlgesonnen waren.

Gott sagte zu Noah: »Ich werde eine große Flut über die Erde kommen lassen. Geh hin und bau eine Arche, ein Schiff aus festem Zypressenholz, das allen Unwettern standhält. Dichte die Arche innen und außen mit Pech ab, sodass sie vor dem Wasser geschützt ist. Die Arche soll 150 Meter lang, 25 Meter breit und 15 Meter hoch sein. Mach oben ein

Dach, und ziehe zwei Zwischendecken ein, sodass die Arche dreistöckig wird. An der Seite mach ein großes Tor.
Ich werde einen Regen schicken, der wird vierzig Tage lang dauern. Er wird alles vernichten, was nicht auf der Arche Platz findet. Mit dir aber schließe ich einen Bund. Du und deine Familie, ihr werdet überleben. Ihr werdet nach der Flut neues Leben auf der Erde begründen. Bring deine Frau, deine Söhne und die Frauen deiner Söhne auf die Arche. Und nimm von allen Tieren auf der Welt ein Paar, je ein Weibchen und ein Männchen, mit an Bord, damit sie gerettet werden. Denke an alle Tiere, die auf dem Land oder in der Luft leben. Die Tiere im Wasser brauchen die Arche nicht. Nimm Futter mit für alle Tiere und Nahrung für dich und deine Familie. Es wird eine lange Reise werden.«
Noah tat alles genau so, wie Gott es ihm aufgetragen hatte. Er baute eine gewaltige Arche aus Zypressenholz, mit vielen Kammern. Als sie fertig war, sagte Gott: »Geh jetzt mit deiner Familie in die Arche und mache das Tor weit auf, damit alle Tiere ihren Platz finden auf deinem Schiff.«

Die Tiere hatten von Noahs Arche gehört. Sie kamen aus allen Teilen der Erde zu Noah. Bald strömte ein langer Zug von Tieren in die Arche. Es dauerte sieben Tage und sieben Nächte lang, bis alle Tiere an Bord waren.

Als Noah den Eingang zur Arche sorgfältig verschlossen hatte, begann es zu regnen. Vierzig Tage lang regnete es ohne Unterlass. Das Wasser ringsum stieg und hob die Arche langsam in die Höhe. Der Regen hörte nicht auf, und die Arche stieg immer weiter, bis sie frei auf dem Wasser schwamm. Das Wasser stieg höher und höher und schließlich waren sogar die Berge vom Wasser bedeckt. Das Wasser stand sieben Meter über den höchsten Gipfeln.
Alles, was gelebt hatte, musste im Wasser untergehen, so hatte Gott es

gewollt. Die große Flut vernichtete das Leben auf der Erde. Nur Noah und alle, die bei ihm in der Arche Platz gefunden hatten, überlebten.

Die Tage und Nächte auf der Arche erschienen allen unendlich lang. Dicht gedrängt saßen, standen und lagen die Tiere im Bauch der Arche. Noah und seine Familie waren die ganze Zeit über damit beschäftigt, alle zu versorgen. Sie fanden kaum Schlaf. Unruhig gingen sie zwischen den Reihen auf und ab. Sie sprachen mit den Tieren, kraulten ihr Fell, hörten ihren Klagen zu, versuchten, sie zu beruhigen, und verteilten das Futter.

Sie warteten alle im Bauch der Arche, wie Kinder im Bauch der Mutter auf die Geburt warten.

Endlich hörte der Regen auf. Gott schickte starke Winde. Sie trieben das Wasser auseinander und es verlief sich. Überall wurden die Berggipfel sichtbar.
Plötzlich setzte die Arche – mit einem Ruck – auf dem Gebirge Ararat auf. Alle an Bord erschraken, blieben aber unverletzt.

Noah wartete noch vierzig Tage. Die Tiere in der Arche wurden unruhig. Sie wollten die Arche endlich verlassen. Aber die große Flut hatte Noah vorsichtig werden lassen. Er öffnete ein kleines Fenster und schickte einen Raben aus, um die Umgebung zu erkunden. Der Rabe flog und flog, aber er fand nur eine unendliche Wasserfläche. Müde kehrte er zur Arche zurück.
Wieder wartete Noah ein paar Tage. Dann ließ er eine Taube fliegen, um zu erfahren, ob das Wasser ganz von der Erde abgeflossen war. Aber auch die Taube fand keine Stelle, an der sie sich niederlassen konnte. Die ganze Erde war noch mit Wasser bedeckt. Auch sie kehrte erschöpft zur Arche zurück. Wieder mussten die Tiere in der Arche sieben Tage lang ausharren, dann ließ Noah die Taube erneut fliegen.
Als sie mit einem Ölbaumzweig im Schnabel zurückkehrte, wusste Noah, dass das Wasser endlich abgeflossen war. Er wartete noch einmal sieben Tage, dann ließ er die Taube zum dritten Mal fliegen. Dieses Mal kehrte sie nicht mehr zurück.

Noah schaute erleichtert aus dem Fenster und blinzelte in die Sonne. Da sagte Gott zu Noah: »Die große Flut ist vorbei. Verlass mit deiner Familie und mit allen Tieren die Arche. Geht hinaus in diese neue Welt! Seid fruchtbar und vermehrt euch! Aber geht sorgsam mit dieser Erde um. Habt Geduld, mit euch und mit den anderen. Denkt daran:

Vieles auf dieser Welt hat zwei Seiten: Saat und Ernte, Frost und Hitze, Sommer und Winter, Tag und Nacht …«

Noah öffnete das große Tor der Arche, und alle Tiere strömten voller Freude ins Freie. Gott segnete Noah und seine Familie und alle Tiere.
»Ich werde nie wieder eine Flut über die Erde schicken«, sagte er. »Als Zeichen der Verbundenheit mit euch setze ich diesen Bogen in die Welt. Er soll euch an den großen Regen und an das Licht danach erinnern. Er wird das Unten mit dem Oben verbinden.«
Ein Regenbogen wurde sichtbar. Er verband die Erde mit dem Himmel. Groß und strahlend stand er über ihnen, in hellen, leuchtenden Farben.

DER TURMBAU ZU BABEL

NOAH UND SEINE NACHKOMMEN wurden Ackerbauern. Sie sorgten sich um ihre Felder und um ihre Tiere, sie legten Weinberge an. Bald gingen sie vielen unterschiedlichen Tätigkeiten nach. Und sie wurden immer erfinderischer.
»Wir könnten Lehmziegel zu Backsteinen brennen«, sagten die einen und begannen sofort mit der Arbeit.
»Wir könnten mit gebrannten Ziegeln, Steinen und Pech eine Stadt bauen«, sagten die anderen und entwarfen erste Pläne.
»Wir könnten den größten Turm bauen, den die Welt je gesehen hat«, sagten wieder andere und hoben die Köpfe. »Der Turm muss so hoch werden, dass er den Himmel berührt!«

Es gab damals nur eine Sprache, die von allen verstanden wurde. Die Menschen sprachen über ihr Vorhaben, und schon bald begannen sie damit, eine Stadt und einen großen Turm zu bauen.

Gott sah, wie die Menschen Tag und Nacht an ihrer Stadt bauten und wie sie den Turm – Ziegel um Ziegel – immer weiter in die Höhe trieben. Sie waren besessen von dem Wunsch, ein Bauwerk zu schaffen, das alle andere überragen und ihren Ruhm begründen sollte.
»Dieser Turm wird uns berühmt machen«, sagten die Menschen und

ihre Augen glänzten vor Aufregung. »Wir werden sein wie Gott!«, riefen einige.
Da beschloss Gott, ihrem eitlen Treiben ein Ende zu setzen. Der Größenwahn der Menschen erzürnte ihn. Er bestrafte ihren Hochmut, indem er die Sprache der Menschen verwirrte, sodass plötzlich alle in anderen Sprachen redeten und keiner mehr den anderen verstand. Sofort herrschte Chaos und Verwirrung unter den Menschen. Deshalb gab man der Stadt später den Namen Babel.

Alle Menschen hatten bisher dieselbe Sprache gesprochen, aber nun verstand der eine nicht mehr, was ihm der andere sagen wollte. Überall wurde gestritten, und jeder hielt seine Sprache für die wichtigste. Alle, die sich in einer Sprache verständigen konnten, schlossen sich in Gruppen zusammen. Es gab keine Gemeinschaft mehr. Der Bau der Stadt und des Turms musste abgebrochen werden.
Die Streitigkeiten zwischen den einzelnen Gruppen wurden immer heftiger, und schon bald verließen alle Bewohner die Stadt. Ihre Häuser standen leer, und der Turm, der den Himmel berühren sollte, ragte halb fertig in die Höhe …
Die Bewohnerinnen und Bewohner von Babel, der Stadt mit den vielen Sprachen, zerstreuten sich in alle Himmelsrichtungen. Sie brachten ihre neuen Sprachen in die fernsten Orte dieser Welt.

In der Geschichte vom Turmbau zu Babel (das Wort »Babel« bedeutet Verwirrung) wird geschildert, wie die Menschheit Gott herausfordert. Die Menschen wollen durch ihre Einheit so viel Stärke gewinnen, dass sie es mit Gott aufnehmen können und sich selbst einen Namen machen. Der Plan misslingt, Gott weist die Menschen erneut in ihre Grenzen und zerstreut sie in viele verschiedene Sprachen. Ein Zustand, der im neutestamentlichen Bericht vom Pfingstwunder vorausblickend auf den Heilsplan Gottes bereits zeichenhaft aufgelöst werden wird.

JOSEF UND SEINE BRÜDER

JOSEF UND SEINE ELF BRÜDER lebten mit ihren Eltern im Land Kanaan. Josef war ein spät geborener Sohn, und vielleicht liebte sein Vater Jakob ihn deshalb ganz besonders. Er ließ Josef sogar einen herrlichen, bunten Mantel machen, um ihn zu schmücken.

Josef hatte viele Träume. Im Schlaf wurden ihm oft wundersame Bilder und Geschichten geschenkt, die voller Rätsel waren. Josef erzählte diese Träume gern seinem Vater und seinen Brüdern. So hatte er einmal geträumt, dass sich die Sonne, der Mond und elf Sterne tief vor ihm verneigten.
Solche Träume erzürnten die Brüder, und ihre Eifersucht auf den Jüngsten wurde noch größer. Erhob sich Josef im Traum nicht zum König über alles, sogar zum König über die Sonne, den Mond und die Sterne? Ihr Zorn wurde jeden Tag größer und bekam immer mehr Macht über sie.

Als Josef eines Tages zu seinen Brüdern aufs Feld kam, rissen sie ihm die Kleider und den bunten Mantel vom Leib. Dann warfen sie ihn in eine Zisterne, in einen tiefen, ausgetrockneten Brunnen.
Als sie eine Gruppe von Kaufleuten auf ihren Kamelen vorbeiziehen sahen, fassten die Brüder einen neuen Plan. Sie holten Josef aus der Zisterne und verkauften ihn für zwanzig Silberstücke an die Kaufleute.

Sollte er doch als Diener in fernen Ländern leben, weit weg von ihrem Elternhaus!
Sie beschmierten Josefs Mantel mit dem Blut eines toten Ziegenbocks und brachten ihn Jakob, ihrem Vater, und sagten ihm, ein wildes Tier habe ihren Bruder auf dem Feld angefallen und getötet.

Den Vater traf diese Nachricht tief ins Herz. Josef, sein geliebter Sohn, war tot? Jakob zerriss vor Schmerz sein Gewand und legte Trauerkleider an. Auch in ihm war etwas gestorben. Von dieser Stunde an trauerte er um seinen Sohn, und nichts konnte ihn trösten.

Die Josefserzählung bildet den Übergang von den sogenannten Vätergeschichten, in denen von Abraham, Isaak und Jakob berichtet wird, zur Volksgeschichte, in der das Volk Israel im Mittelpunkt der Handlung steht.

Die Brüder haben nichts Gutes mit Josef im Sinn. Aus Eifersucht verfolgen sie einen perfiden Plan, in dem sie ihn zunächst töten wollen, ihn dann aber – auf Fürsprache eines der Brüder hin – verkaufen. Die Ereignisse laufen darauf hinaus, dass Josef am Ende seinen Brüdern sagen kann: »Ihr hattet Böses im Sinn, aber Gott hat Gutes daraus gemacht, indem er mich hierher geführt hat. Ich werde auch weiterhin für euch und eure Kinder sorgen.«

DER TRAUM DES PHARAOS

DIE KAUFLEUTE HATTEN JOSEF an eine Leibwache des Pharaos verkauft, und so war er nach Ägypten gekommen. Gott war auch in Ägypten an Josefs Seite, alles glückte ihm. Er war als Diener beliebt, und schon bald wurde er sogar zum Verwalter des Hauses ernannt. Als aber die Frau des Leibwächters eines Tages falsche Anschuldigungen gegen Josef vorbrachte, wurde er ins Gefängnis gesteckt.

Zu jener Zeit waren auch der Bäcker und der Mundschenk des Pharaos für ein paar Tage mit ihm eingesperrt. Beide hatten den Pharao verärgert. Im Gefängnis hatten der Bäcker und der Mundschenk seltsame Träume. Josef hörte ihnen zu und wusste ihre Träume gut zu deuten.

Eines Nachts hatte der Pharao, der Herrscher über Ägypten, einen Traum, der ihn beunruhigte. Er stand am Nil, und aus dem Nil stiegen sieben wohlgenährte Kühe und fraßen vom Gras am Ufer. Nach ihnen stiegen sieben abgemagerte Kühe aus dem Nil, stürzten sich auf die anderen Kühe und fraßen sie auf. Erschrocken setzte sich der Pharao im Bett auf. Was hatte dieser seltsame Traum zu bedeuten?

Er wälzte sich unruhig im Bett hin und her und fiel noch einmal in einen tiefen Schlaf. Und wieder hatte er einen Traum. An einem Getrei-

dehalm wuchsen sieben Ähren, prall und schön. Dann wuchsen sieben kümmerliche, ausgedörrte Ähren aus demselben Halm und verschlangen die sieben prallen, vollen Ähren.
Der Pharao erwachte und ließ seine Wahrsager und Traumdeuter holen. Aber keiner wusste Rat.

Da erinnerte sich der Mundschenk des Pharaos, der längst wieder aus dem Gefängnis entlassen worden war, an Josef und seine Fähigkeit, die Sprache der Träume zu verstehen.
Der Mundschenk erzählte dem Pharao von Josef. Sofort ließ man Josef aus dem Gefängnis holen, und der Pharao erzählte ihm seinen Traum.

Josef verneigte sich. »Das ist ein und derselbe Traum, oh Herr«, sagte er. »Die sieben fetten Kühe und die sieben prallen, vollen Ähren sind sieben Jahre, in denen es dem Land an nichts mangeln wird. Die sieben mageren Kühe und die sieben ausgedörrten Ähren sind sieben Jahre, in denen wir eine große Hungersnot erleiden müssen. Nach sieben Jahren im Überfluss wird eine große Dürre übers Land kommen. Den sieben fetten Jahren werden sieben magere Jahre folgen.«

Der Pharao dankte Josef für seine Deutung. Er wisse auch, was man tun könne, sagte Josef. Korn aus den guten sieben Jahren sollte in großen Speichern gesammelt werden, sodass das Land in den sieben Jahren der Dürre und der Not keinen Hunger leiden würde. Der Pharao stimmte zu. Er lobte Josef für seine Klugheit und machte ihn zu seinem obersten Berater und Stellvertreter. Bald war Josef im ganzen Land bekannt.
Der Pharao und viele Mächtige des Landes verneigten sich vor ihm, so, wie er es einst in seinem Traum von der Sonne und dem Mond gesehen hatte.

Es kam alles so, wie Josef es vorhergesagt hatte. Sieben Jahre lang gab es alles im Überfluss. Josef fuhr im Auftrag des Pharaos durchs Land und ließ in diesen Jahren das Getreide sammeln und in die Städte bringen. Dort lag es in großen Mengen, wie Sand am Meer, bis man aufhören musste, es zu messen, weil man es nicht mehr messen konnte.

Dann kamen sieben Jahre der Dürre. Die Früchte auf den Bäumen vertrockneten, die Sonne versengte die Ernte auf dem Feld. In vielen Ländern der Welt gab es eine große Hungersnot. Josef ließ die gefüllten Speicher öffnen, und alle konnten bei ihm Getreide kaufen.

In diesen Zeiten der Not kamen auch Josefs Brüder nach Ägypten. Sie hatten gehört, dass es im Land noch Vorräte für alle gäbe.

Sie sprachen bei Josef vor, der als zweitmächtigster Mann im Land von allen verehrt und geachtet wurde und der über die Verteilung der Vorräte bestimmte.
Josef gab sich seinen Brüdern nicht zu erkennen. Er wollte erst prüfen, ob sich seine Brüder inzwischen geändert hatten. Als er dem jüngsten von ihnen, Benjamin, heimlich einen Silberbecher in seinen Getreidesack steckte und ihn des Diebstahls bezichtigte, da warfen sich die anderen Brüder vor ihm auf die Knie und beteuerten Benjamins Unschuld. Einer der Brüder bot sich sogar an, anstelle seines Bruders ins Gefängnis zu gehen.
Da konnte Josef nicht mehr anders. Er gab sich seinen Brüdern – unter Tränen – zu erkennen, und bald umarmten einander alle, aus Freude über das Wiedersehen.
Josef bat seine Brüder, auch ihren Vater, Jakob, nach Ägypten zu bringen.

Jakob war alt und müde geworden. Er schrie laut auf vor Erstaunen und Freude, als er seinen tot geglaubten Sohn plötzlich vor sich stehen sah. Er fiel ihm um den Hals, er weinte vor Glück und wollte ihn gar nicht mehr gehen lassen. Lange hielt er seinen jüngsten Sohn in den Armen.

Josefs elf Brüder verneigten sich vor ihm, war er doch jetzt der Stellvertreter des Pharaos. »Ihr also seid die elf Sterne aus meinem Traum!«, sagte Josef. »Wisst ihr noch? Ich habe euch vor vielen Jahren davon erzählt. In meinem Traum haben die Sonne, der Mond und elf Sterne sich vor mir verneigt. Viele meiner Träume haben sich inzwischen erfüllt.«

Die sieben Jahre der Dürre, die Josef im Traum vorhergesehen hatte, waren noch nicht vorbei. Josef suchte ein Stück Land für seinen Vater, seine Brüder und ihre Familien, und er versorgte sie mit so viel Brot, dass sie und ihre Kinder genug zu essen hatten.

Auch nach dem Tod Jakobs kümmerte sich Josef um seine Brüder. »Wir haben dir einst Böses angetan«, sagte einer der Brüder. »Wirst du uns je vergeben können?«

»Fürchtet euch nicht«, sagte Josef. »Ich habe euch längst vergeben. Ihr hattet Böses im Sinn, aber Gott hat daraus Gutes gemacht, indem er mich hierher geführt hat. Ich werde auch weiterhin für euch und für eure Kinder sorgen.«

Josef hielt sein Versprechen. Er wurde hundertzehn Jahre alt, und in all den Jahren blieb er mit seinen Brüdern eng verbunden.

MOSES GEBURT UND RETTUNG

DIE NACHKOMMEN VON JAKOB, Josef und seinen Brüdern blieben in Ägypten. Viele Jahre vergingen. Ein neuer König kam an die Macht. Der neue Pharao sagte: »Wir müssen achtsam sein. Die Israeliten, die Fremden in unserem Land, werden immer mehr. Sie bevölkern das Land. Wir müssen etwas tun!
Hört meinen Befehl: Wenn die Frauen ein Mädchen zur Welt bringen, so darf es am Leben bleiben. Wenn es aber ein Junge ist, dann muss er getötet werden. Wir dürfen nicht zulassen, dass die Fremden eines Tages mächtiger sind als wir, die wir hier geboren sind.«

Ein Mann und eine Frau – Nachkommen von Jakob und Josef und ihren Familien – bekamen zu jener Zeit einen Sohn. Er war schön und lachte sie an, und sie waren voller Freude. Aber nach dem schrecklichen Befehl des neuen Pharaos mussten sie um das Leben ihres Sohnes fürchten.

Drei Monate lang versteckten die Eltern ihr Neugeborenes in ihrem Haus, dann wurde die Angst um sein Leben zu groß. Die Frau nahm ein Kästchen aus Stroh und dichtete es mit Teer und Pech ab, sodass kein Wasser hineinkommen konnte. Sie legte den Knaben in das Kästchen hinein und brachte es zum Nilufer. Dort, im Schilf, setzte sie das kleine Schiff aus Stroh mit dem schlafenden Kind darin vorsichtig aufs Wasser.

»Wenn wir Menschen es schon nicht können, dann soll Gott dich beschützen«, sagte die Frau unter Tränen und ging davon.

An jenem Tag kam die Tochter des Pharaos an den Nil, um im Fluss zu baden. Da sah sie das Kästchen aus Stroh, und als sie es öffnete, lag ein weinendes Kind darin, das sie mit großen Augen anschaute.
»Das ist ein Kind von den Fremden«, sagte die Tochter des Pharaos. »Ich weiß, was mein Vater befohlen hat. Aber der Anblick dieses Kindes berührt mich. Ich will darauf achten, dass es gut versorgt ist.«
Vorsichtig hob sie das Kästchen aus Stroh mit dem Jungen darin aus dem Wasser und trug es mit sich fort.
Mirjam, die ältere Schwester des kleinen Jungen, hatte von einem Versteck aus alles beobachtet. Sie ging zur Tochter des Pharaos und fragte sie, ob sie eine Frau holen solle, die das Kind stillen könnte. Sie dachte dabei an ihre eigene Mutter. Die Tochter des Pharaos stimmte zu. Und so kam es, dass die Mutter, die eben noch schweren Herzens ihren Sohn ins Schilf gelegt hatte, ihn nun mit nach Hause nehmen durfte, um ihn zu stillen.
Sie dankte Gott für seine Fürsorge. Sie nährte ihren Sohn und kümmerte sich um ihn und war stets an seiner Seite. Nach ein paar Jahren brachte sie ihn – wie vereinbart – zurück zur Tochter des Pharaos.
»Ich habe dich als Kind aus dem Wasser gezogen«, sagte die Königstochter. »Du bist für mich wie mein eigener Sohn. Ich werde dich Mose nennen.«

Das Kind Mose wird mit dem Tod bedroht. Und wie schon in der Geschichte von Josef wird auch von Mose berichtet, wie er aus größter Not gerettet wird, um einem ganzen Volk voranzugehen. Ein Säugling – es lässt sich kaum etwas denken, was hilfloser und zugleich schützenswerter wäre – wird gerettet, um ein ganzes Volk in die Freiheit zu führen. Aus christlicher Perspektive ist dies ein Motiv, das auch auf das Leben von Jesus zutrifft.

Es wird kein leichter Weg, den Mose mit dem Volk Israel zu gehen hat. Dieser Auszug aus Ägypten, der »Exodus« – dies ein anderer Name für das zweite Mosebuch –, wird nur gegen großen Widerstand möglich. Auf dem Weg, den Gott mit seinem Volk unter Führung von Mose durch die Wüste unternimmt, gibt er sich zu erkennen. Mit den zehn Geboten gibt er seinem Volk Regeln für ein gutes und gelingendes Leben an die Hand.

DER AUSZUG AUS ÄGYPTEN

MOSE WURDE ZUM ANFÜHRER der Israeliten in Ägypten. Aber der Pharao fürchtete die Fremden in seinem Land. Er ließ sie als Sklaven für sich arbeiten und verlangte hohe Abgaben von ihnen. Er beobachtete ihr Tun mit Misstrauen. Das Leben der Israeliten in Ägypten wurde immer unerträglicher.

»Ich werde das Herz des Pharaos verhärten«, sagte Gott zu Mose. »Dann wird er euch ziehen lassen. Ja, er wird euch sogar aus seinem Land verjagen!« Gott schickte schreckliche Plagen übers Land. Um seine Macht zu zeigen, ließ er Mose vor den Augen des Pharaos mit einem Stock ins Wasser des Nils schlagen. Augenblicklich verfärbte sich das Wasser zu Blut, die Fische starben und das Wasser begann so zu stinken, dass niemand mehr wagte, es zu trinken. Der Pharao erschrak. Er sah die Macht ihres Gottes. Aber er wollte sie nicht ziehen lassen.

Da schickte Gott den Ägyptern weitere Plagen: Stechmücken und Ungeziefer aller Art vermehrten sich und fielen über die Menschen und die Tiere her, ein Hagel zerstörte die Ernte, Krankheiten ließen viele Tiere sterben.
Heuschreckenschwärme zogen wie dunkle Wolken durchs Land und fraßen alles Grün, das der Hagel übrig gelassen hatte, bis auf den letzten

Grashalm. Auch keine einzige Frucht auf den Bäumen blieb verschont. Die Heuschreckenplage wurde immer schlimmer. Das ganze Land war schwarz von Heuschrecken, sie bedeckten den Boden, sie verdunkelten den Himmel.

Der Pharao ließ Mose eilig rufen und sprach: »Sag deinem Gott, dass es genug ist!« Da ließ Gott den Wind drehen und in einen starken Westwind umschlagen. Der nahm die Heuschrecken mit, wie in einer gewaltigen Hand, und warf sie ins Rote Meer. In ganz Ägypten war keine einzige Heuschrecke mehr zu sehen.

Aber kaum war die Gefahr gebannt, vergaß der Pharao seine Angst. Er wollte Mose und sein Volk noch immer nicht ziehen lassen. Da hob Mose auf Geheiß Gottes die Hand, und eine tiefe Finsternis kam übers Land. Drei Tage lang verließ niemand sein Haus. Die Ägypter konnten einander nicht mehr sehen, so dunkel war es geworden. Nur dort, wo Israeliten wohnten, blieb es hell.

Aber der Pharao ließ sich nicht umstimmen. Erst als Gott in seinem Zorn alle Erstgeborenen in Ägypten, den Sohn des Pharaos ebenso wie den Sohn des Gefangenen im Kerker, sterben ließ – da wurde Mose eilig zum Pharao gerufen.

»Schnell, verlasst das Land«, rief er Mose zu. »Nehmt eure Schafe, Rinder und Ziegen mit, aber geht! Geht rasch fort von hier!«
So zogen an die sechshunderttausend Menschen, Frauen, Männer und Kinder, dazu große Herden von Schafen, Ziegen und Rindern, in einem endlosen Zug durchs Land. Mose führte die Menschen, die ihm anvertraut waren, durch die Wüste zum Schilfmeer. Ein Engel Gottes ging voran.

Kaum hatten die Israeliten sein Land verlassen, änderte der Pharao seine Meinung. »Wir können die Fremden doch nicht ziehen lassen«, sagte er zu seinen Beratern. »Wir brauchen sie als Arbeitskräfte. Sie sind wichtig für uns! Bewaffnet die Soldaten! Wir holen sie mit Gewalt zurück!«

Die Israeliten erschraken, als sie den Pharao auf seinem Streitwagen an der Spitze seiner bewaffneten Soldaten kommen sahen. Und vor ihnen lag das Meer! Mose blieb stehen. »Herr, was sollen wir tun?«, fragte er Gott.

»Streck deine Hand über dem Meer aus«, sagte Gott. »Das Wasser wird sich teilen, damit ihr auf trockenem Grund durch das Meer ziehen könnt. Ich werde das Herz des Pharaos und seiner Soldaten noch mehr verhärten. Sie werden euch folgen und im Meer zugrunde gehen. Hinter euch stelle ich eine hohe Wasser- und Feuersäule, sie wird zwischen euch und den Ägyptern sein. Auf der Seite der Ägypter wird sie dunkel sein, auf eurer Seite wird sie die Nacht erhellen. Und der Engel, der vor euch herging, wird an das Ende des Zuges treten.«

Mose tat, wie Gott es ihm aufgetragen hatte. Er streckte eine Hand über dem Meer aus. Ein starker Ostwind kam auf und trieb die Wellen auseinander. So zogen Mose und sein Volk auf trockenem Grund durchs Meer, während rechts, und link von ihnen das Wasser wie eine Mauer stand.

Der Pharao und seine Streitkräfte setzten ihnen nach. Alle Soldaten des Pharaos, alle Streitwagen und Pferde zogen ins Meer hinein. Die hohe Feuer- und Wassersäule vor ihnen verwirrte sie. Die Räder ihrer Wagen stockten.

Da sagte Gott zu Mose: »Streck deine Hand noch einmal über dem Meer aus, damit das Wasser zurückfluten kann.«
Mose streckte seine Hand aus, und hinter den Israeliten flutete das Meer zurück. Das Wasser bedeckte Wagen und Reiter, es nahm alle Schwerter und Waffen mit sich, die ganze Streitmacht des Pharaos wurde von den Fluten des Meeres hinweggetragen.

Mose und sein Volk aber erreichten sicher das Ufer. Gott hatte ihnen auf wundersame Weise geholfen, Ägypten zu verlassen.
Mirjam, Moses Schwester, nahm eine kleine Trommel und begann, vor Freude zu singen und zu tanzen. Alle Frauen schlossen sich ihr an, und gemeinsam sangen sie ein Lied zur Ehre Gottes, der sie gerettet hatte.

AM BERG SINAI

DREI MONATE nach dem Auszug aus Ägypten kamen Mose und sein Volk in die Wüste Sinai. Sie schlugen ihr Lager vor dem Berg Sinai auf. Mose bestieg den Berg, um Gott nahe zu sein.

»Ich habe euch sicher durch alle Gefahren getragen, wie ein Adler seine Jungen«, sagte Gott zu Mose. »Ich werde bald als große Wolke zu dir kommen, mit Donner und Blitz. Alle sollen sehen, dass ich zu dir spreche und dass ich dich unter den anderen ausgewählt habe.«

Am Morgen des dritten Tages nach ihrer Ankunft wurde der Himmel plötzlich finster. Es begann, zu donnern und zu blitzen, eine dunkle Wolke bedeckte den Berg. Alle kamen aus ihren Zelten und staunten. Viele fürchteten sich. Die Kinder versteckten sich hinter dem Rücken ihrer Eltern. Der Berg Sinai war in Rauch gehüllt. Der laute Klang von Posaunen war zu hören, und der ganze Berg schien zu zittern.
Mose sprach zu Gott, und Gott antwortete mit einer Stimme, die wie Donner klang.

Mose stieg noch einmal hinauf auf den Berg Sinai. »Nimm diese Tafeln!«, sagte Gott. »Und höre die zehn Gebote! Bringe sie den Menschen mit, sie sollen eine Richtschnur sein für ihr Leben.«

Gott sprach:
»Ich bin dein Gott. Du sollst neben mir keine anderen Götter haben.
Du sollst dir kein falsches Gottesbild machen und es anbeten.
Du sollst den Namen Gottes nicht missbrauchen.
Du sollst am siebenten Tag ruhen. Er ist ein Feiertag.
Ehre deine Mutter und deinen Vater.
Du sollst nicht töten.
Du sollst nicht die Ehe brechen.
Du sollst nicht stehlen.
Du sollst nichts Unwahres über deine Mitmenschen sagen.
Du sollst nichts begehren, was einem anderen gehört.«

Mose hörte die zehn Gebote. Er stieg vom Berg Sinai hinunter zu seinem Volk. Die Menschen schauten auf die dunkle Wolke über dem Berg und sagten: »Wir haben Angst vor diesem Gott!«
Mose sagte: »Habt keine Angst! Gott ist gekommen, um euch auf die Probe zu stellen. Er will, dass ihr ihn ehrt. Er hat uns sicher auf allen Wegen geleitet. Sein Schutz bleibt bei uns.«
Dann erhob Mose seine Stimme, und er rief laut: »Auf diesen Tafeln in meiner Hand stehen Gottes zehn Gebote. Kommt alle zu mir! Ich will sie euch zeigen! Sie sollen uns von nun an durchs Leben leiten.«

DAVID UND GOLIAT

DIE GESCHICHTE DER MENSCHEN ist auch eine Geschichte der Kriege und der Streitigkeiten. Wieder einmal sollte es zu einem Kampf kommen. Das Heer der Israeliten stand auf einer Seite bereit, auf der anderen Seite wartete das Heer der Philister.
Da trat einer der Philister vor, sein Name war Goliat. Er war über drei Meter groß, ein Riese mit einem Helm und einem Schuppenpanzer aus Bronze. Er hielt ein gewaltiges Schwert in der einen Hand, die andere umklammerte einen Spieß, dessen Schaft so dick war wie ein Baumstamm. Vor ihm ging sein Schildträger.

»Warum stellt ihr euch zur Schlacht auf?«, rief Goliat dem feindlichen Heer zu. »Wählt einen von euch aus! Er soll gegen mich kämpfen. Wenn er mich besiegt, so haben wir verloren. Wenn ich aber gewinne, so werdet ihr uns dienen müssen.«
Niemand wagte es, im Kampf gegen den Riesen anzutreten. Da ging David, ein Hirtenjunge, der jüngste von acht Brüdern, zu Saul, dem König der Israeliten.

»Ich muss meine Schafe gegen Löwen und wilde Bären verteidigen«, sagte er. »Ich weiß mich zu wehren. Wenn ich gegen Löwen und Bären zu kämpfen vermag, so kann ich es auch gegen diesen Riesen!«

Saul war vom Mut des Jungen beeindruckt. Er ließ ihn in seine eigene, schwere Rüstung stecken. »Ich kann damit kaum gehen«, sagte David und legte alles wieder ab. Er nahm seinen Hirtenstock und seine Tasche. »Lass es gut sein, König. Gott wird mir helfen.«
David ging zum Flussbett. Er suchte fünf glatte Kieselsteine und steckte sie in seine Hirtentasche. In der Hand hielt er seine Schleuder. So ging er Goliat entgegen.

Der Riese lachte. »Du willst gegen mich kämpfen?« Er hob sein Schwert und ging auf David zu.
David lief ihm entgegen. Im Laufen griff er in seine Hirtentasche. Er holte einen Kieselstein heraus, steckte ihn in seine Schleuder und schoss mit aller Wucht. Der Stein durchschlug die Stirn des Riesen, knapp unter dem Helm. Goliat wankte kurz, dann stürzte er zu Boden. Auf dem Kampfplatz war es still geworden.

Ohne Schwert, nur mit der Schleuder und einem Stein, hatte der kleine David den großen Goliat besiegt. Als die Philister das sahen, liefen sie davon. Und David, der Hirtenjunge, wurde gefeiert wie ein König.

DIE BERUFUNG JESAJAS

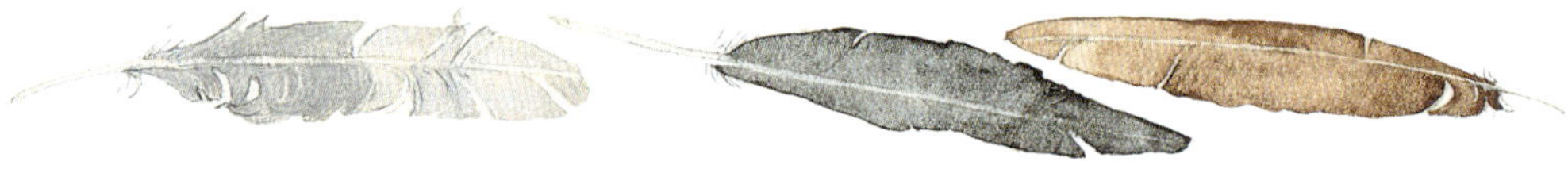

JESAJA LEBTE IN JERUSALEM. Eines Morgens – war es ein Traum? – sah er Gott auf einem hohen Thron sitzen, der Saum seines hellen Mantels füllte den ganzen Tempel.

Er war umgeben von mächtigen Engeln mit sechs Flügeln. Zwei Flügel bedeckten den Leib, zwei das Gesicht und zwei waren auf dem Rücken zu sehen. Einer der Engel kam auf Jesaja zugeflogen. Er hielt eine Zange mit einer glühenden Kohle in seiner Hand. Er berührte mit der Kohle Jesajas Lippen und sagte: »Die Glut hat deine Lippen berührt. Nun bist du von aller Schuld befreit.«

Jesaja hörte die Stimme Gottes, die sagte: »Wer ist bereit, unser Bote zu sein? Wen soll ich zu den Menschen senden, damit er zu ihnen spricht?«

Jesaja antwortete laut: »Nimm mich! Ich will dein Bote sein!«

So wurde Jesaja zum Propheten, der die Menschen daran erinnern sollte, auf Gottes Worte zu hören.

»Die Menschen können mit ihren Augen nicht sehen, mit ihren Ohren nicht hören und mit ihrem Verstand nicht verstehen«, sagte Gott zu Jesaja. »Schwierige Zeiten werden kommen, und sie werden nicht wissen wollen, was du ihnen verkündest. Lass dich davon nicht beirren! Die Erde wankt. Wie ein Betrunkener taumelt die Erde, sie schwankt wie eine wackelige Hütte, und die Menschen schwanken mit ihr. Der Mond

und die Sonne schämen sich und erbleichen vor dem, was Menschen anderen Menschen und der Welt ringsum antun. Vieles wird zerstört werden.
Aber es wird eine neue Zeit kommen. Dann wird ein neues Leben möglich sein. Die Völker werden ihren Streit schlichten. Die Menschen werden aus Schwertern Pflugscharen machen und aus Speerspitzen Messer für die Arbeit in den Weinbergen. Kein Volk wird das andere mehr angreifen, und niemand wird mehr das Handwerk des Krieges lernen. Aus dem Baumstumpf werden neue Triebe und Blüten sprießen.«
So sprach Gott, und Jesaja hörte aufmerksam zu.

»Es wird ein Licht geben, das von Gott ausgeht. Er wird der Friedenskönig sein. Der Wolf wird beim Lamm zu Gast sein. Der Panther wird neben dem Ziegenbock liegen. Das Kalb und das Löwenjunge werden gemeinsam aufwachsen. Die Kühe werden neben den Bären weiden, und ihre Jungen werden beieinander liegen. Das kleine Kind wird mit der Schlange spielen. Niemand wird mehr Böses tun oder Unheil stiften.«

Diese Worte hörte Jesaja, der Prophet, der Bote Gottes, und er ging aus dem Tempel, um sie allen Menschen zu verkünden.

NEUES TESTAMENT

JESUS WIRD GEBOREN

EINES TAGES – die Luft war voller Licht – schickte Gott seinen Engel Gabriel zu einer jungen Frau namens Maria. Sie lebte im Ort Nazaret in Galiläa. Maria staunte über das viele Licht in ihrer Kammer, und noch mehr staunte sie über den Engel, der plötzlich vor ihr stand. Maria erschrak, das Herz schlug ihr bis zum Hals.
»Fürchte dich nicht, Maria!«, sagte der Engel. »Der Herr ist mit dir.«
Maria wunderte sich über diese Begrüßung.
»Was hat das zu bedeuten?«, fragte sie leise.
Da erzählte ihr der Engel, dass er eine wichtige Nachricht für sie habe, eine Nachricht von Gott, eine Nachricht, die nicht nur ihr Leben verändern werde, sondern auch das Leben aller Menschen. Ein Schwindel erfasste Maria. Was sollte das für eine Nachricht sein?
»Hab keine Angst!«, sagte der Engel. »Gott schaut mit Wohlgefallen auf dich. Du wirst schwanger werden und einen Sohn zur Welt bringen. Ihm sollst du den Namen Jesus geben. Er ist der Sohn Gottes. Seine Herrschaft wird nie zu Ende gehen.«

Maria spürte, wie ihre Wangen zu glühen begannen.
»Ich bin Josef, dem Tischler, versprochen. Aber ich bin Jungfrau und war noch mit keinem Mann zusammen«, sagte sie. »Wie soll ich da schwanger werden?«

»Für Gott ist nichts unmöglich. Vertraue auf ihn. Er kann Wunder vollbringen«, sagte der Engel. »Bist du bereit dafür?«
Eine tiefe, unerklärliche Ruhe kam plötzlich über Maria. Gott hatte sie auserwählt, als einzige Frau unter allen Frauen! Sie musste nicht länger über die Worte des Engels nachdenken.
»Ich bin bereit«, sagte Maria mit fester, klarer Stimme.

Alles geschah so, wie es der Engel vorhergesagt hatte. Maria wurde schwanger, und Josef war an ihrer Seite.

Zu jener Zeit ordnete Kaiser Augustus eine Volkszählung in seinem Reich an. Alle sollten in die Heimatstadt ihrer Vorfahren gehen, um sich dort zählen zu lassen. Auch Josef machte sich mit Maria auf den Weg. Aus der Stadt Nazaret in Galiläa gingen sie nach Betlehem in Judäa. Die Reise war lang und beschwerlich.
Viele Menschen waren unterwegs, und überall mussten sie lange warten, um etwas zu essen oder zu trinken oder ein Bett für die Nacht zu bekommen.
Maria war hochschwanger. Für sie war die Reise besonders anstrengend. Immer öfter mussten sie eine Rast einlegen. So kamen sie nur langsam voran.
Maria ritt auf einem Esel, Josef ging neben ihnen her.

Als sie endlich in Betlehem ankamen, war es schon dunkel. Josef und Maria fragten nach einem Platz zum Schlafen und gingen von Haus zu Haus. Aber viele Türen blieben zu. Alle Gasthöfe und Herbergen waren wegen der Volkszählung überfüllt.

Josef machte sich Sorgen um Maria, die Geburt stand unmittelbar bevor. Jederzeit konnte ihr Sohn zur Welt kommen. Sie mussten bald eine Bleibe finden.

Nach langem Suchen fanden sie einen Stall, in dem noch Platz für sie war. Die Tiere im Stall schauten die beiden Fremden an, als sie durch die Tür traten und sich dann müde auf den Boden setzten.
Es war kalt im Stall, der Wind pfiff durch die zerbrochene Tür, und es gab nur wenig Platz für alle. Die Tiere rückten eng an die Frau und den Mann heran und wärmten sie.

In dieser Nacht im Stall gebar Maria einen Sohn. Josef war an ihrer Seite und half bei der Geburt. Mit Freudentränen in den Augen zeigte er Maria das neugeborene Kind. Sie gaben ihm den Namen Jesus.
Maria wickelte das Kind in Tücher und legte es in eine Futterkrippe, die sie mit Stroh ausgelegt hatte. Das Kind schrie und sah die beiden mit großen Augen an. Dann schlief es ein.

Maria und Josef wurden ganz still vor Freude und Dankbarkeit. Sie blieben die ganze Nacht lang wach, betrachteten das neugeborene Kind und hüteten seinen Schlaf.

Während Josef und Maria neben der Krippe im Stall saßen, waren unweit von Betlehem Hirten auf einem Feld. Sie hielten Wache bei ihren Schafen. Es war eine besondere Nacht, mit vielen hellen Sternen am Himmel. Immer wieder schaute einer von ihnen staunend nach oben.
Da wurde es plötzlich noch heller über ihren Köpfen, und ein Engel erschien ihnen. Die Hirten wichen erschrocken zurück. Sie fürchteten sich.

»Habt keine Angst!«, sagte der Engel. »Etwas Wunderbares ist geschehen, und ihr sollt es als Erste erfahren! Heute Nacht wurde Jesus, der Sohn Gottes, geboren. Geht nach Betlehem! Ihr werdet dort in einem Stall ein Kind finden. Es liegt in einer Futterkrippe im Stroh.«
Da erschienen auch noch viele andere Engel. Sie lobten Gott, und der Himmel war erleuchtet von ihrem Glanz.

Die Hirten spürten, dass sie von einer seltsamen Freude erfüllt wurden. »Lasst uns nach Betlehem gehen«, sagte der älteste von ihnen. »Wir wollen das Kind willkommen heißen.«

Ein Hirte blieb bei den Schafen, die anderen machten sich auf den Weg. Sie mussten nicht lange suchen. Bald fanden sie den Stall mit Maria und Josef, und bei ihnen war das Kind in der Krippe, so wie es der Engel gesagt hatte.
Die Hirten erzählten von ihrer Begegnung mit den Engeln auf dem Feld und blieben lange beim Kind in der Krippe.
Dann kehrten sie auf ihre Felder zurück und berichteten allen, was sie gehört und gesehen hatten.

DIE STERNDEUTER

JESUS WURDE ZU EINER ZEIT GEBOREN, als König Herodes das Land Judäa regierte.
Bald nachdem Jesus geboren worden war, kamen drei Sterndeuter aus fernen Ländern in die Stadt Jerusalem und fragten alle Leute: »Wo finden wir den neugeborenen König? Wir haben einen Stern am Himmel leuchten sehen, so hell, als würde er für einen König strahlen! Seit vielen Tagen und Nächten folgen wir seinem Leuchten. Wo ist dieser König? Wir wollen ihm Geschenke bringen!«

Als König Herodes von der Ankunft der fremden Männer hörte, erschrak er. Ein neuer König war geboren? In seinem Land? Das könnte gefährlich werden für ihn ...
Er rief die Sterndeuter heimlich zu sich und fragte sie, wann und wo sie den hellen Stern zum ersten Mal am Himmel gesehen hätten.
»Gebt mir Nachricht, wenn ihr das Kind gefunden habt«, sagte er. »Damit auch ich ihm Geschenke bringen kann.«

Die drei Sterndeuter gingen vor die Stadt. Sie hielten Ausschau nach dem großen Stern am Himmel, der sie durch so viele Länder geführt hatte und dem sie nun schon so lange gefolgt waren. Ungeduldig hoben sie die Köpfe.

Ihre Kamele scharrten unruhig mit den Hufen im Sand. Da sahen sie – funkelnd und strahlend hell – den Stern am Himmel!
»Es kann nicht mehr weit sein!«, rief einer der drei Sterndeuter. Sie machten sich sofort auf den Weg. Sie folgten dem Stern, der sich vor ihnen am Himmel zu bewegen schien, so als würde er ihnen vorauseilen.

»Wir erwarten einen König«, sagte einer der Sterndeuter. »Wie wird er wohnen? In einem Schloss? In einem prachtvollen Haus? In einer Oase in der Wüste?«

Der Stern führte die drei Männer nach Betlehem. Zu ihrer großen Überraschung blieb er über einem unscheinbaren Stall stehen.
»Hier muss es sein!«, riefen die Sterndeuter aufgeregt und sprangen von ihren Kamelen.
Sie gingen in den Stall. Zuerst sahen sie die Tiere im Stall, dann sahen sie Maria und Josef und das Kind in der Krippe. Das Kind lachte sie an. Da wussten sie, warum der Stern sie an diesen Ort geführt hatte. Sie knieten vor dem Kind in der Krippe nieder und ehrten es als König. Dann holten sie die Geschenke hervor, die sie aus ihren Ländern mitgebracht hatten: Gold, Weihrauch und Myrrhe.

Noch in dieser Nacht erschien Gott den drei weisen Männern im Traum. Er befahl ihnen, nicht wieder zu Herodes zu gehen. Er wusste, dass der König nichts Gutes im Sinn hatte und um seine Macht fürchtete. So wählten die drei Sterndeuter am nächsten Morgen einen anderen Weg, um in ihre Länder heimzukehren.

Die Evangelien des Neuen Testaments setzen ein mit dem Bericht von der Geburt eines Kindes, das in einer sehr bedrängten Situation zur Welt kommt. Dieses Kind wird der Retter für ein ganzes Volk. Es ist der Sohn Gottes, der paradoxerweise in einem Stall zur Welt kommt und in eine Viehfutterkrippe gebettet wird. Gott setzt damit ein Zeichen, auf wessen Seite er steht, nämlich auf der Seite der Schwachen und Entrechteten. So sind die gering geachteten Hirten die Ersten, die von den Engeln die Botschaft erfahren und kommen, um diesem Kind die Ehre zu erweisen.

Dann aber kommen auch die Sterndeuter, von den damals bekannten Enden der Erde weit hergereiste Gäste. Sie stehen dafür, dass Gottes Heilsbotschaft nicht an den Grenzen Israels haltmacht, sondern weit darüber hinaus wirksam werden wird.

JESUS IM TEMPEL

JESUS WUCHS HERAN. Und Maria und Josef hatten viel Freude an ihm.
Einmal im Jahr – zu hohen Feiertagen – gingen sie zu Fuß von Nazaret nach Jerusalem, um gemeinsam den Tempel zu besuchen.

Als Jesus zwölf Jahre alt geworden war, führte sie der Weg wieder einmal nach Jerusalem. Sie gingen auch – so wie jedes Jahr – in den Tempel, um zu beten.
Es waren viele Pilger in der Stadt, auch Freunde und Nachbarn waren darunter. So waren Maria und Josef nicht besorgt, als sie sich auf den Heimweg machten und Jesus nicht an ihrer Seite war.
»Er wird wohl schon bei unseren Verwandten im nächsten Dorf sein und dort auf uns warten«, sagte Josef. »Bald werden wir ihn wiedersehen.«
Als sie Jesus nach einem langen Fußmarsch nicht bei ihren Verwandten antrafen und auch Freunde ihn nirgendwo gesehen hatten, waren sie voller Sorge.
Rasch kehrten sie nach Jerusalem zurück. Drei Tage lang suchten sie ihren Sohn in der überfüllten Stadt, aber sie konnten ihn nirgendwo finden. Die Angst und Sorge um ihren Sohn ließen Maria und Josef mit immer schnelleren Schritten durch die Gassen der Stadt eilen.

Ihr Weg führte sie schließlich auch zum Tempel. Als sie eintraten, blieben sie vor Erstaunen stehen. Mitten im Tempel, unter den Lehrern und Hohenpriestern, saß der zwölfjährige Jesus. Er hörte den weisen Männern aufmerksam zu und stellte ihnen viele Fragen.
Alle, die zum Tempel gekommen waren, hörten die Antworten, die Jesus den gelehrten Männern gab, und viele waren erstaunt über seine Klugheit. Maria und Josef waren erleichtert und bestürzt zugleich.
»Wir haben dich überall gesucht! Wie konntest du einfach weggehen?«, sagten sie zu Jesus. »Wir waren in großer Sorge um dich!«
Jesus umarmte sie.
»Ihr müsst nicht in Sorge sein um mich. Gott, mein Vater, weiß mich zu behüten. Und – wieso sucht ihr mich an anderen Orten als an diesem? Das ist das Haus meines Vaters. Muss ich nicht an jenem Ort sein, an dem seiner gedacht wird?«
Er stand auf und folgte Maria und Josef. Gemeinsam kehrten sie nach Nazaret zurück. Maria und Josef bewahrten alles, was geschehen war, in ihrem Herzen auf.
Jesus wuchs heran. Seine Weisheit nahm zu, und er fand Gefallen bei Gott und den Menschen.

Bereits im Alter von zwölf Jahren wird im Leben dieses Kindes Jesus zweierlei sehr deutlich: Gott, sein himmlischer Vater, steht ihm näher als die, in deren Familie er aufwächst. Und es besteht für diesen Menschen Jesus eine innere Notwendigkeit, nicht nur im Haus des Vaters zu sein, sondern auch dessen Willen zu folgen, sogar bis zum Kreuz.
Von dieser einzigen Kindheitsgeschichte in der Bibel, in der es um die Bestimmung von Jesus geht, ist es nicht mehr weit bis zum Beginn seines Wirkens. Er fängt seine Arbeit im Reich Gottes damit an, dass er eine Schar von Jüngern um sich sammelt. Mit ihnen zieht er als Wanderprediger durch das Land.

DIE ERSTEN JÜNGER

EINES TAGES stand Jesus am Ufer des Sees Gennesaret. Viele Menschen standen bei ihm und wollten ihn über Gott reden hören. Niemand konnte so über Gott sprechen wie er.
Am Ufer waren zahlreiche Fischer, die ihre Netze reinigten. Sie hatten die ganze Nacht lang vergeblich versucht, Fische zu fangen. Jetzt waren sie müde und schlecht gelaunt.
Jesus ging zu einem der Fischer, zu Simon Petrus, und sagte zu ihm: »Fahrt noch einmal hinaus auf den See, und werft eure Netze zum Fang aus. Dieses Mal werdet ihr einen guten Fang machen. Vertraut mir.«
Die Fischer wunderten sich über seine Worte, sie wollten ihm nicht so recht glauben.

Aber schließlich fuhren sie doch noch einmal hinaus und warfen ihre Netze aus. Sie trauten ihren Augen nicht. Sie fingen so viele Fische, dass die Netze zu zerreißen drohten. Simon Petrus, Johannes, Jakobus und die anderen Fischer schauten voller Furcht zu Jesus. Wie konnte das möglich sein?

»Habt keine Angst«, sagte Jesus. »Vertraut auf Gott! Folgt mir! Von heute an sollt ihr Menschen fischen und von den Wundern erzählen, die Gott möglich macht.«

Die Fischer überlegten nicht lange. Sie zogen ihre Boote an Land und ließen alles zurück.

Von diesem Tag an folgten sie Jesus als seine Freunde und Begleiter, als seine Jünger. Bald waren es zwölf Jünger, die an seiner Seite waren.

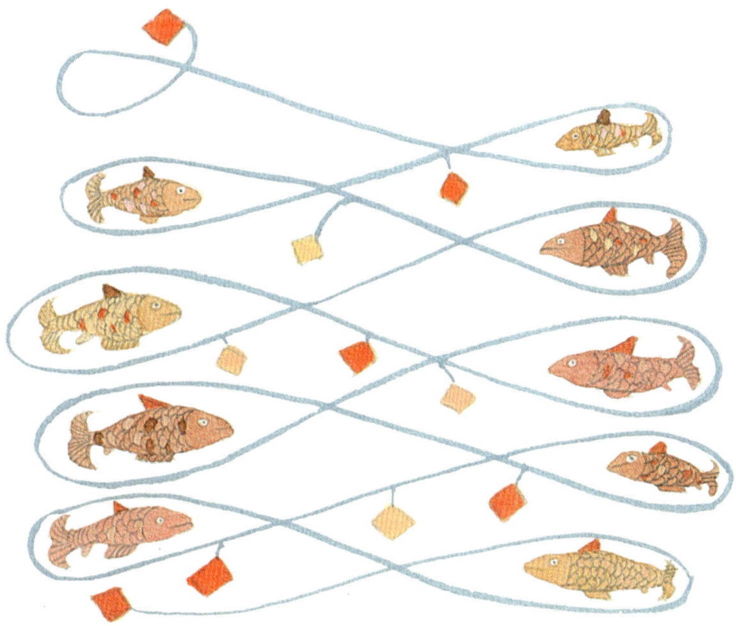

DIE HOCHZEIT IN KANA

IN KANA IN GALILÄA wurde eine Hochzeit gefeiert. Jesus und seine Jünger waren dazu eingeladen, und auch Maria, die Mutter von Jesus, war unter den Gästen. Es wurde getanzt, gelacht und getrunken.

Als der Weinvorrat zu Ende war, sagte Maria zu Jesus: »Es gibt keinen Wein mehr. Und die Leute wollen noch feiern! Was sollen sie tun?«
Jesus antwortete: »Meine Stunde ist noch nicht gekommen.«
Maria fragte noch einmal nach: »Was sollen die Leute tun?«
Da sah Jesus sich um. Im Haus standen sechs große, leere Krüge aus Stein. Jeder von ihnen fasste hundert Liter. Jesus sagte zu den Dienern des Hauses: »Füllt diese Krüge mit Wasser.«
Die Diener füllten die Krüge bis an den Rand voll. »Nehmt eine Probe davon und bringt sie dem Mann, der für das Essen und Trinken verantwortlich ist«, sagte Jesus. »Er soll davon kosten.«
Die Diener wunderten sich über Jesus und seinen ungewöhnlichen Wunsch, aber sie brachten dem Mann eine Probe. Der Mann trank einen Schluck und sah die Diener erstaunt an. Das Wasser hatte sich in Wein verwandelt!

»Holt die Krüge und füllt nach! Füllt nach!«, rief der Mann erfreut. Die Diener liefen zu den Krügen und schenkten den Wein an die

Hochzeitsgäste aus. Der Bräutigam, die Braut und die Gäste erhoben ihr Glas und tranken.
»Ihr habt den besten Wein bis zum Schluss aufgehoben«, sagte ein Mann zum Brautpaar, und alle lachten.

Die Jünger aber und jene, die gesehen hatten, welches Wunder Jesus vollbracht hatte, waren tief ergriffen. Das war der Sohn Gottes, auf den sie so lange gewartet hatten!
Das Hochzeitsfest dauerte die ganze Nacht, und alle tanzten vor Freude.

Der Bericht von der Hochzeit in Kana ist die erste Mitteilung im Johannesevangelium über das Wirken von Jesus. Dieses Hochzeitsfest ist ein Bild für das große Fest, das die Menschen einmal mit Gott feiern werden. Mit der Verwandlung des eigentlich für die Reinigung vorgesehenen Wassers in kostbaren Wein setzt Jesus ein deutliches Zeichen: In der gemeinsam mit Jesus gelebten Gegenwart wird die versprochene Zuwendung Gottes zu den Menschen Wirklichkeit.
Im folgenden Bericht von der Heilung des Gelähmten prallt diese innere Wirklichkeit hart auf den Anspruch der Schriftgelehrten, Recht und Weisheit auf ihrer Seite zu haben. Für Jesus beginnt die Auseinandersetzung mit der Theologie seiner Zeit.

JESUS HEILT EINEN GELÄHMTEN

DIE MENSCHEN KAMEN GERN ZU JESUS, um ihn von Gott sprechen zu hören.
So drängten sie auch in ein Haus, in dem er sprach, und lauschten seinen Worten. Es gab kaum mehr Platz für alle, die ihn sehen wollten. Dicht gedrängt saßen und standen sie um ihn herum, um nur ja kein Wort zu verpassen.

Auch ein Mann, dessen Beine gelähmt waren, wollte Jesus sehen. Er hatte schon viel von ihm gehört. Vier Freunde trugen ihn auf einer Matte aus Stroh zum Haus, in dem Jesus sprach.
Aber der Eingang zum Haus war durch viele Menschen versperrt, ein Durchkommen war unmöglich. Kurz entschlossen stiegen die vier Freunde mit dem gelähmten Mann auf der Strohmatte auf das flache Dach des Hauses.
Aber wie sollte Jesus sie da oben sehen können?
Sie überlegten kurz, dann machten sie ein Loch in die Lehmdecke und ließen den Gelähmten durch das Loch ins Haus hinunter.

Im Haus erschraken alle, als die Lehmdecke plötzlich aufgerissen und ein Mann auf einer Matte herabgelassen wurde. Alle wichen zur Seite. Jesus begrüßte den Mann mit den gelähmten Beinen. Als er im Blick

des Mannes sah, wie groß dessen Vertrauen war, sagte er zu ihm: »Ich vergebe dir deine Schuld.«
Die Gelehrten, die im Haus anwesend waren, schauten einander erschrocken an. Was hatte Jesus gesagt? War das nicht Gotteslästerung? Nur Gott allein konnte den Menschen ihre Schuld vergeben! Was erlaubte sich dieser Jesus!
Jesus sah die bösen Blicke der gelehrten Männer.
»Ihr sollt sehen, dass der Sohn Gottes die Macht hat, Schuld zu vergeben«, sagte er. Dann wandte er sich an den Mann mit den gelähmten Beinen.
»Steh auf! Nimm deine Matte und geh!«, sagte er laut.

Die Leute ringsum verstummten. Hatte Jesus nicht gesehen, dass der Mann an den Beinen gelähmt war?
Der Mann schaute Jesus dankbar an. Dann erhob er sich langsam von seiner Matte. Er stand auf, nahm die Matte unter den Arm und ging vor den Augen aller aus dem Haus.

Die Menschen, die gekommen waren, um Jesus zu sehen, waren außer sich vor Überraschung und Freude. Sie priesen das Wunder, das er vor ihren Augen vollbracht hatte, und ihr Glaube wuchs.

Wie Arme und Kranke zählten in der antiken, religiös geprägten Gesellschaft auch Kinder – um die es im nächsten Abschnitt geht – zu den Ausgegrenzten. Der Grund für ihre Zurücksetzung lag darin, dass sie nicht in der Lage sind, religiöse Vorschriften zu erfüllen oder religiöse »Leistungen«, wie etwa das Fasten, zu vollbringen. Sogar die Jünger versuchen, die Kinder von Jesus fernzuhalten.
Jesus dreht die gesellschaftliche Perspektive jener Zeit einfach um und sagt: »Lasst uns wie Kinder werden!« Ihm geht es dabei um die besondere Fähigkeit von Kindern, zu empfangen. Denn Kinder haben den unschätzbaren Vorteil, dass ihre Weltsicht noch nicht von Voreingenommenheiten und Leistungsansprüchen verstellt wird, sondern dass sie sich mit allem beschenken lassen können.
»Werdet wie die Kinder«, heißt dann: Steht euch nicht länger mit euren Festlegungen und Vorurteilen selbst im Weg, sondern geht mit offenen Sinnen und einem weiten Herzen durch die Welt und lasst euch ansprechen und berühren.

JESUS UND DIE KINDER

EINIGE FRAUEN UND MÄNNER wollten auch ihre Kinder zu Jesus bringen, aber die Jünger wollten es nicht zulassen. Als Jesus das hörte, wurde er zornig.
Er versammelte seine Jünger um sich und sagte: »Lasst die Kinder zu mir kommen, zu jeder Zeit! Hindert sie nicht daran, denn für Menschen wie sie stehen Gottes Türen immer offen. Lasst uns wie Kinder werden! Ich sage euch: Wer sein Herz nicht so öffnen kann wie ein Kind, dem bleibt vieles verschlossen. Kinder kennen das Geheimnis des Lebens.«

Dann ging er zu den Kindern, legte ihnen die Hände auf und segnete sie.

DER BARMHERZIGE SAMARITER

EIN KLUGER MANN wollte Jesus auf die Probe stellen. Er fragte ihn: »Was muss ich tun, um das ewige Leben zu bekommen?«
Jesus sagte: »Steht es nicht in den heiligen Schriften? Was liest du dort?«
»Dass ich Gott lieben und ehren soll«, sagte der Mann. »Und dass ich den Mitmenschen so lieben soll wie mich selbst.«
»Du hast richtig geantwortet«, sagte Jesus. »Handle danach, und du wirst ein gutes Leben haben.«
Der Mann fragte weiter: »Aber wie ist das zu verstehen? Wer ist denn mein Mitmensch?«
»Lass mich auf deine Frage mit einer Geschichte antworten«, sagte Jesus. Er begann zu erzählen:
»Ein Mann ging von Jerusalem nach Jericho. Unterwegs traf er auf Räuber. Sie überfielen ihn, schlugen ihn nieder und nahmen ihm alles ab, was er bei sich hatte. So ließen sie ihn auf der Straße liegen.
Bald kam ein anderer Mann den Weg entlang, ein Priester. Er sah den Mann auf der Straße liegen und blieb erschrocken stehen. Er neigte verlegen sein Haupt, dann murmelte er ein paar Sätze – und ging rasch weiter, ohne dem Mann auf der Straße zu helfen.
Kurz nach ihm kam ein Tempeldiener vorbei. Auch er blieb kurz vor der Gestalt auf der Straße stehen. Er überlegte eine Weile, dann setzte er mit raschen Schritten seinen Weg fort.

Schließlich kam ein Reisender aus Samarien des Wegs. Als er den Überfallenen sah, blieb er stehen. Er behandelte seine Wunden mit Öl und Wein und verband seine Wunden. Dann setzte er den Verwundeten auf sein eigenes Reittier und brachte ihn in ein nahes Gasthaus. Dort gab er dem Wirt zwei Silberstücke und bat ihn, sich um den Mann zu kümmern.
›Pflege ihn gut‹, sagte er zum Wirt. ›Wenn du noch mehr Geld dafür brauchst, dann werde ich es dir geben, wenn ich in einigen Tagen wieder zurückkomme.‹«

Jesus sah den Mann, der seiner Geschichte vom barmherzigen Samariter aufmerksam zugehört hatte, freundlich an.
»Nun, was denkst du?«, fragte er. »Welcher der drei Männer hat wie ein Mitmensch gehandelt?«
»Derjenige, der ihm geholfen hat«, sagte der Mann.
Jesus nickte.
»So ist es«, sagte er. »Geh hin und mach es ebenso.«

Auch in dieser beispielhaften Erzählung vom barmherzigen Samariter dreht Jesus die Fragestellung einfach um. Ausgehend vom sogenannten Doppelgebot der Liebe: »Liebe und ehre Gott und deinen Mitmenschen wie dich selbst«, kommt im Gespräch die Frage auf: »Wer ist denn mein Mitmensch?«
Häufig erzählt Jesus Gleichnisse. Das macht er, weil er nicht in erster Linie den Kopf, sondern das Herz seiner Zuhörer erreichen will. Hier erzählt er diese drastische Geschichte, in der die Amts- und Würdenträger gar nicht vorbildlich handeln. Hingegen spielt der verachtete Andersgläubige, der Samariter, die entscheidende Rolle.
Und die Erzählung endet in der Frage: »Wem bin ich ein Mitmensch?« Jesus ruft damit seine Zuhörer aus ihrer engstirnigen Selbstbezogenheit und Hartgläubigkeit heraus. Er fordert sie dazu auf, sich die Perspektive des anderen zu eigen zu machen.

DIE BERGPREDIGT

VIELE MENSCHEN FOLGTEN JESUS. Sie hatten davon gehört, dass er Wasser in Wein verwandeln konnte und dass er einen Gelähmten geheilt hatte. Überall sprach man von seinen Wundertaten.
Als Jesus sah, dass immer mehr Menschen ihm folgten, ging er auf einen nahen Berg. Er setzte sich, und seine Jünger traten zu ihm. Die Menschen sammelten sich um sie herum. Dann begann Jesus zu sprechen. Er redete in einfachen, klaren Bildern.
»Jede und jeder von euch ist wichtig!«, rief Jesus allen zu, die gekommen waren, um ihn zu hören. »Ihr seid das Salz der Erde, das seinen Geschmack nicht verlieren darf! Ihr seid das Licht der Welt. Versteckt euch nicht! Ihr könnt – mit eurem Licht – diese Welt heller machen!«
Jesus blickte lange auf die Menschen, die ihn erwartungsvoll ansahen.
»Habt keine Angst! Es werden gute Tage für euch kommen! Die Traurigen werden getröstet werden, die Armen werden reich sein – und die Friedfertigen werden die anderen führen.«
Jesus nahm einige Silberstücke aus der Tasche und ließ sie in der Sonne glänzen.
»Was nützen euch Münzen und andere Schätze? Sie werden mit der Zeit rosten und ihren Wert verlieren, Diebe wollen sie euch wegnehmen. Ihr werdet mit diesen Schätzen keine Freude haben. Sammelt lieber andere Schätze vor Gott! Schätze, die für immer in eurem Herzen bleiben.

Schätze, die euch niemand stehlen kann. Sind nicht ein Lächeln und eine Umarmung mehr wert als jede Münze?«

Jesus sprach lange oben auf dem Berg, und jedes Wort erschien allen, die ihm zuhörten, kostbar.
»Wie kann ich immer nur die Fehler des anderen sehen – und dabei meine eigenen Schwächen ganz vergessen?«, sagte Jesus. »Hört auf, andere zu verurteilen!«
Jesus erhob sich.
»Es gibt eine einfache Regel«, rief er laut. »Behandelt alle Menschen so, wie ihr selbst von ihnen behandelt werden wollt!«

Jesus zeigte auf den Berg, auf dem er stand.
»Ist es nicht besser, sein Haus auf Fels zu bauen, und nicht auf Sand? Damit es jedem Regen und jedem Unwetter standhalten kann?
So ist es auch mit meinen Worten. Wer auf sie vertraut, der wird auf festem Grund stehen. Kein Sturm wird ihn umwerfen.«
Jesus sah, wie alle an seinen Lippen hingen, und so fuhr er fort.
»Gott ist wie ein Vater! Habt Vertrauen! Wer um Brot bittet, der wird Brot bekommen. Und wer anklopft, dem wird geöffnet werden!«

Jesus beendete seine Predigt und verließ mit den Jüngern den Berg. Alle, die seine Worte gehört hatten, waren tief beeindruckt und lauschten dem Klang seiner Worte lange nach.

Die sogenannte Bergpredigt ist eine erste große Sammlung von Reden, die sich im Matthäusevangelium findet. Reden und Gleichnisse sind, neben den Heilungen und Wundern, die Hauptelemente des Handelns von Jesus. Durch sie erreicht er auf seinen Wanderungen nicht nur sehr viele Zuhörer, sondern er ruft mit ihnen auch den Unmut der selbst ernannten Hüter des Gesetzes, der religiösen Führer jener Zeit, hervor. Der Berg steht – wie schon im Alten Testament – für besondere Gottesnähe und Gottesoffenbarung. In seiner Predigt richtet sich Jesus nicht nur an die Jünger, sondern an alle, die bereit sind, sich auf seine radikale Botschaft einzulassen. Das besondere Verhalten, von dem Jesus spricht, lässt sich allerdings nur in einer großen Nähe zu Gott realisieren.

DAS LETZTE ABENDMAHL

IN DER STADT wurde das Passafest gefeiert. Jesus wusste, dass er sich viele Feinde gemacht hatte und dass seine Verhaftung unmittelbar bevorstand.
Er bat zwei seiner Jünger, in die Stadt zu gehen und einen Raum für das Festmahl vorzubereiten. Er wollte mit seinen Jüngern ein letztes gemeinsames Abendmahl feiern.

Als es Abend wurde, ging Jesus mit seinen zwölf Jüngern in die Stadt. Im Obergeschoss eines Hauses war alles für das Fest vorbereitet. Jesus und die Jünger setzten sich auf Kissen und nahmen an einem langen, niedrigen Holztisch Platz.

Während der Mahlzeit sagte Jesus plötzlich: »Ich werde bald verhaftet werden. Einer von euch, der sein Brot mit mir in dieselbe Schüssel taucht, wird mich verraten.«
Die Jünger waren bestürzt. Einer von ihnen sollte Jesus verraten? Wer von ihnen sollte das sein? Sie redeten aufgeregt durcheinander. Da nahm Jesus ein Brot. Er brach es in kleine Stücke und gab allen davon.
»Nehmt und esst, das ist mein Leib!«, sagte er.
Dann nahm er einen Becher, der mit Wein gefüllt war. Er reichte ihn seinen Jüngern.

»Nehmt und trinkt, das ist mein Blut«, sagte er.
Er sah alle Jünger einzeln an, einen nach dem anderen.
»Tut dies zu meinem Gedächtnis«, sagte er leise.

Die Jünger aßen vom Brot, das Jesus für sie geteilt hatte, und sie tranken vom Wein, den er ihnen gereicht hatte. Sie schauten Jesus immer wieder von der Seite her an. Keiner wagte es, ein Wort zu sprechen. Würde er sie wirklich schon bald verlassen? Wer war es, der ihn verraten würde?

In allen Räumen des Hauses wurde gegessen und gefeiert, da und dort hörte man die Becher und Teller klirren, lautes Stimmengewirr erfüllte das Haus.
Nur im Raum im Obergeschoss, in dem Jesus und seine Jünger beim Abendmahl saßen, blieb es ungewöhnlich ruhig. Den Jüngern war es schwer ums Herz geworden. Die Trauer machte sie still. Sie wussten, dass ein Abschied bevorstand.

IM GARTEN GETSEMANI

JESUS FÜHRTE SEINE JÜNGER nach dem gemeinsamen Abendmahl zu einem Grundstück, das Getsemani hieß.
»Bleibt hier!«, sagte er zu den Jüngern. »Ich will in diesem Garten ein wenig allein sein.«

Drei der Jünger, Petrus, Jakobus und Johannes, nahm er mit.
»Ihr könnt hier bei den Bäumen auf mich warten«, sagte er zu ihnen. »Ich werde durch den Garten gehen. Die Dunkelheit ringsum – und die Dunkelheit, die sich plötzlich in mein Herz schleicht – machen mir Angst. Ich fühle mich am Ende meiner Kräfte! Gebt der Müdigkeit nicht nach. Bleibt wach!«

Jesus entfernte sich von den Jüngern. Ängste und Zweifel überkamen ihn. Er warf sich zu Boden.
»Ich weiß, dass schwere Stunden auf mich zukommen«, sagte er zu Gott. »Dir ist alles möglich! Kannst du diesen bitteren Kelch nicht an mir vorübergehen lassen, ohne dass ich daraus trinken muss?«

Er stand auf und schaute in den Sternenhimmel.
»Was rede ich?«, sagte er laut. »Es soll alles so geschehen, wie du es willst, nicht, wie ich es will.«

Er bat Gott um seine Hilfe, dann ging er zurück zu den drei Jüngern. Sie waren eingeschlafen. Jesus weckte Petrus. »Du schläfst? Konntest du nicht eine Stunde mit mir wach bleiben?«
Er weckte auch die zwei anderen Jünger. »Ich komme gleich wieder. Ich bitte euch: Bleibt wach und betet für mich!«

Jesus ging noch einmal durch den Garten und suchte das Gespräch mit Gott.
Als er zurückkam, waren die drei Jünger wieder eingeschlafen, müde von einem langen Tag.
Jesus ging noch einmal weg, und als er zum dritten Mal zurückkam, schliefen seine Jünger immer noch.

Jesus weckte sie auf. »Wacht auf!«, sagte er. »Ihr habt lange genug geschlafen! Die Stunde ist gekommen! Der, der mich verraten wird, ist schon auf dem Weg.«
Noch während er das sagte, kam Judas, einer der zwölf Jünger, in den Garten. Bei ihm waren mit Schwertern und Knüppeln bewaffnete Männer. Manche hielten brennende Fackeln in der Hand, die ihre Gesichter gespenstisch aufleuchten ließen.
Judas ging auf Jesus zu und küsste ihn auf die Wange, dann trat er zur Seite.
Jesus ließ es geschehen. Er wusste: Der Kuss des Judas war das vereinbarte Zeichen. So erkannten die Bewaffneten, welcher der Männer Jesus war. Sie ergriffen ihn und führten ihn ab.
Dreißig Silbermünzen hatte Judas für seinen Verrat an Jesus bekommen.
Petrus, Jakobus und Johannes zitterten vor Angst und vor Zorn, als sie sahen, was mit Jesus geschah. Erschrocken flohen sie in die Dunkelheit.

Jesus sitzt ein letztes Mal mit seinen Jüngern zusammen, sie essen und trinken. Während des Mahls nimmt Jesus den Becher mit Wein, der bei einer solchen Feier so voll gegossen wurde, dass er überlief. Aus ihm wurde nicht getrunken, da er dem erwarteten Messias, dem von Gott gesandten, gesalbten Retter, vorbehalten war. Diesen Messiasbecher nimmt Jesus und gibt ihn seinen Jüngern, damit sie gemeinsam daraus trinken.
Mit diesem Zeichen beginnt die eigentliche Passionsgeschichte, der Bericht vom Leiden und Sterben. Im Garten Getsemani ringt Jesus noch einmal mit seinem himmlischen Vater darum, dass ihm der Tod am Kreuz erspart bleibe, fügt sich dann aber in dessen Willen. Und gleich unter dem Kreuz spricht der Hauptmann das Bekenntnis zu Jesus als dem Messias: »Wahrhaftig, dieser Mann war Gottes Sohn!«

PETRUS VERLEUGNET JESUS

JESUS WURDE NACH SEINER VERHAFTUNG zum Hohen Rat der Priester in den Tempel gebracht.
»Bist du der Sohn Gottes?«, fragte der Oberste Priester.
»Der bin ich«, sagte Jesus.
Alle riefen wütend durcheinander. Sie beschimpften und bespuckten Jesus.
»Ihr habt es selbst gehört, wie er Gott beleidigt hat!«, rief der Oberste Priester. »Er hält sich für Gottes Sohn! Wie lautet euer Urteil?«
Einstimmig erklärten alle, Jesus, der Gotteslästerer, habe den Tod verdient!
Auch Petrus war zum Tempel geschlichen. Er setzte sich zur Feuerstelle im Hof. Da kam eine Dienerin des Obersten Priesters vorbei. Sie sah Petrus ins Gesicht und blieb stehen.
»Warst du nicht auch mit diesem Jesus von Nazaret zusammen?«, fragte sie. »Gehörst du nicht zu seinen Jüngern?«
Petrus schüttelte den Kopf.
»Ich weiß gar nicht, wovon du redest. Ich kenne diesen Jesus nicht.«
Dann wandte er sich rasch ab. In diesem Augenblick krähte ein Hahn.

Die Dienerin wollte Petrus nicht glauben. »Der da gehört auch zu diesem Jesus. Das ist einer von seinen Jüngern«, sagte sie zu den Leuten, die neben ihr standen. Wieder stritt Petrus alles ab.

Als auch noch andere ihn fragten, ob er denn nicht einer der Jünger dieses Jesus von Nazaret sei, den man eben zum Tode verurteilt habe, da verleugnete Petrus Jesus noch einmal.
In diesem Augenblick krähte der Hahn zum zweiten Mal. Da musste Petrus an die Worte denken, die Jesus einst zu ihm gesagt hatte: »Ehe der Hahn zweimal kräht, wirst du mich dreimal verleugnet haben und behaupten, dass du mich nicht kennst.«
Jesus hatte recht behalten. Mit langsamen Schritten verließ Petrus den Hof des Tempels. Tränen rollten über seine Wangen.

JESUS STIRBT

JESUS WURDE ZUM RÖMISCHEN STATTHALTER der Provinz Judäa, Pontius Pilatus, geführt. Die Hohenpriester brachten viele Beschuldigungen gegen Jesus vor.
»Willst du dich nicht verteidigen?«, fragte Pontius Pilatus.
Jesus sagte kein einziges Wort.
Der römische Statthalter war erstaunt über dieses Schweigen. Er hatte längst verstanden, dass die Hohenpriester Jesus nur aus Neid und Missgunst an ihn ausgeliefert hatten.

»Ich werde heute wieder einen Gefangenen begnadigen«, sagte Pontius Pilatus, als sich viele Leute vor seinem Palast versammelten. »Soll es dieser selbst ernannte Messias, der König der Juden, sein, oder soll ich einen anderen Gefangenen, den Mörder Barabbas, gehen lassen?«
Die Hohenpriester hatten das Volk gegen Jesus aufgebracht, und so riefen alle laut: »Lass Barabbas gehen!«
»Und was soll mit diesem Jesus geschehen?«, fragte Pontius Pilatus.
»Lass ihn kreuzigen!«, rief die aufgebrachte Menge. »Ans Kreuz mit ihm! Er soll am Kreuz sterben!«

Noch in dieser Stunde ließ Pontius Pilatus den Mörder Barabbas frei.
Die Soldaten hängten Jesus einen purpurfarbenen Mantel um und

setzten ihm eine Dornenkrone auf den Kopf. Sie schlugen und verspotteten ihn.
»Hoch lebe der König der Juden!«, riefen sie und knieten lachend vor ihm nieder.
Dann nahmen sie ihm den Mantel ab und führten ihn hinaus vor die Stadt. Dort sollte er an ein großes Holzkreuz geschlagen werden, so wie man es zu jener Zeit mit Menschen tat, die man wegen eines Verbrechens schuldig gesprochen hatte.

Ein Mann namens Simon, der gerade vorbeiging, wurde gezwungen, für Jesus das schwere Kreuz zu tragen.

Die Soldaten brachten Jesus zu einem Platz, der Golgota heißt. Jesus wurde auf ein Holzkreuz gelegt. Ein Soldat trieb mit einem Steinhammer Nägel durch die Handflächen und Füße von Jesus. Dann wurde das Kreuz aufgerichtet.
Ein Soldat hatte auf Geheiß von Pilatus ein Schild über dem Kopf von Jesus angebracht, auf dem stand: »Jesus aus Nazaret, König der Juden«.

Die Leute, die vorbeikamen, verhöhnten Jesus. »Bist du nicht der Sohn Gottes? Warum steigst du dann nicht herunter vom Kreuz? Wo sind jetzt deine Wundertaten?«
Auch die beiden Männer, die links und rechts von ihm gekreuzigt wurden, beschimpften ihn. »Warum hilfst du uns nicht? Wo ist dein allmächtiger Gott?«

Ein Soldat tauchte einen Schwamm in Essig. Er steckte ihn an einen Stock und drückte ihn Jesus auf die Lippen.
»Davon kannst du trinken!«, sagte er. Die anderen Männer lachten.

Um neun Uhr hatte man Jesus ans Kreuz gebunden. Um zwölf Uhr mittags verfinsterte sich der Himmel. Drei Stunden lang blieb der Himmel dunkel.
Dann rief Jesus plötzlich unter Schmerzen:
»Mein Gott, mein Gott, warum hast du mich verlassen?«

Ein lauter Donner war zu hören. Jesus schrie laut auf und starb.

In diesem Augenblick zerriss der Vorhang im Tempel von oben bis unten. Die Erde bebte, und die Felsen im Land sprangen entzwei.

Der Hauptmann, der die Soldaten anführte und Jesus sterben sehen hatte, sagte: »Wahrhaftig, dieser Mann war Gottes Sohn!«

Auch einige Frauen waren gekommen. Sie hatten Jesus oft über Gott reden hören. Sie waren ihm auf seinen Reisen gefolgt und hatten für ihn gesorgt. Jetzt war er vor ihren Augen gestorben. In tiefer Trauer standen sie vor seinem Kreuz. Dunkle Wolken verdeckten die Sonne.

DIE FRAUEN AM GRAB

JESUS WAR AN EINEM FREITAG GESTORBEN. Und noch am selben Abend wurde sein Leichnam vom Kreuz genommen. Ein angesehener Mann, Josef von Arimathäa, hatte die Erlaubnis dafür von Pontius Pilatus erhalten.
Er wickelte den Körper von Jesus in ein weißes Leinentuch und brachte ihn zu einer Grabhöhle, die tief in einen Felsen gehauen war. Dann rollte er einen schweren Stein vor den Eingang, um das Grab zu verschließen.
Auch die Frauen, die Jesus bis zum Kreuz gefolgt waren, kamen, um sich das Grab anzusehen. In stiller Trauer standen sie vor dem Felsengrab.

Am dritten Tag, nachdem Jesus gestorben war – am Sonntagmorgen –, gingen zwei Frauen zum Grab. Sie hatten wohlriechende Öle mitgenommen und wollten Jesus damit salben. Sie kamen sehr früh zum Grab. Die Sonne ging gerade auf und tauchte alles in ein warmes Licht.
Auf dem Weg hatten die Frauen noch überlegt: Wie sollten sie ins Grab hineinkommen? Wer würde ihnen den großen, schweren Stein zur Seite wälzen?

Als sie zum Grab kamen, sahen sie zu ihrer Überraschung, dass der schwere Stein schon weggerollt war. War schon jemand anderer im Grab? Zu dieser frühen Stunde?

Die beiden Frauen betraten die Felshöhle. Sie blieben nach wenigen Schritten stehen. Träumten sie? Wie konnte das sein?
Das Grab war leer! Der Leichnam war verschwunden.
Hatte man Jesus in ein anderes Grab gebracht? Hatte jemand seinen Leichnam gestohlen? Die Frauen schauten einander fragend an. Was sollten sie jetzt tun?

Da erschienen plötzlich zwei Männer neben ihnen, in einer leichten Bewegung, so als wären sie durch die Luft gegangen. Ihre Gewänder waren strahlend weiß und hell wie Schnee. Die leere Grabhöhle war von ihrem Licht erfüllt. Die beiden Frauen blickten ängstlich zu Boden. Sie fürchteten sich.
»Warum sucht ihr den Lebenden bei den Toten?«, fragte einer der Männer mit sanfter Stimme. »Der Sohn Gottes ist nicht mehr hier. Sein Vater hat ihn vom Tod auferweckt! Er ist gestorben und am dritten Tag auferstanden, so wie es in den Heiligen Schriften zu lesen ist.«

Die Frauen waren fassungslos. Jesus war auferstanden? So, wie er es ihnen vorhergesagt hatte? Sollte es wirklich wahr sein?
Jetzt sprach auch der zweite Mann zu ihnen: »Geht zu den anderen, auch zu seinen Jüngern! Sagt ihnen, dass Jesus von den Toten auferstanden ist und dass sie ihn bald sehen werden!«

Die Frauen verneigten sich vor den beiden Engeln und liefen zu den anderen Frauen und zu den Jüngern, um ihnen zu erzählen, was sie gesehen hatten.
Die Frauen lachten und tanzten vor Freude.
Die Jünger aber waren voller Zweifel. Konnte das stimmen? War Jesus wirklich am Leben? Petrus lief rasch zum Grab.
Er fand es leer, nur ein weißes Leinentuch lag auf dem Boden. Er schaute lange auf das weiße Tuch, und er wusste nicht mehr, was er glauben sollte.

Das Grab ist leer. Jesus ist nicht mehr da. Wieder sind es Engel, himmlische Boten, die den Menschen die göttliche Wirklichkeit nahebringen: Jesus lebt, er ist auferstanden. Die beiden Jünger, die mit Jesus auf dem Weg nach Emmaus waren, konnten es am eigenen Leib erfahren: »Brannte es nicht wie Feuer in unserem Herzen, als wir unterwegs mit ihm sprachen?«
Nach Auferstehung und Himmelfahrt war der Weg offen für die Entstehung der Kirche an Pfingsten. Es folgten die Reisen des Apostels Paulus, der die Botschaft von Jesus und die Hoffnung auf das Licht, das von Gott kommt und den Menschen Frieden bringt, in die damals bekannte antike Welt trug.

AUF DEM WEG NACH EMMAUS

NOCH AM SELBEN TAG machten sich zwei, die zu den Jüngern gehört hatten, auf den Weg nach Emmaus, einem Dorf, nur wenige Kilometer von Jerusalem entfernt.
Sie gingen mit eiligen Schritten nebeneinanderher, der Staub wirbelte auf unter ihren Füßen. Sie achteten kaum auf den Weg, so sehr waren sie damit beschäftigt, über alles zu reden, was sie gehört hatten!
Petrus und die Frauen hatten das Grab leer vorgefunden! War Jesus wirklich von den Toten auferstanden? Hatte er es ihnen nicht genau so vorhergesagt?
Aber – wenn er am Leben war – wo war Jesus jetzt?
Wann und wo würden sie ihn sehen können?
Sie waren aufgewühlt. Was für ein Tag!

Ein Mann war plötzlich neben ihnen und schloss sich ihnen an. Es war Jesus, aber sie waren so in Gedanken, dass sie ihn nicht erkannten.
»Worüber redet ihr so angeregt?«, fragte Jesus sie im Gehen. »Was beschäftigt euch?«
Einer der beiden Männer seufzte: »Du bist wohl der Einzige, der noch nichts davon gehört hat – Jesus von Nazaret ist vor drei Tagen gekreuzigt worden. Wir waren oft an seiner Seite und haben gehört, wie er von Gott und seiner Liebe zu den Menschen gesprochen hat. Er war den

Mächtigen im Land ein Dorn im Auge, sie haben ihn verhaften und ans Kreuz schlagen lassen.
Und jetzt – drei Tage nach seinem Tod – soll sein Grab leer sein. Frauen, die wir gut kennen und denen wir jedes Wort glauben, haben zwei Engel beim Grab getroffen. Sie haben ihnen gesagt, dass Jesus von den Toten auferstanden sei. Am dritten Tag, so wie es in den Heiligen Schriften steht!«
»›Warum sucht ihr den Lebenden bei den Toten?‹, das haben die Engel zu den Frauen gesagt«, erzählte der zweite Mann.

Inzwischen waren sie in Emmaus angekommen, und Jesus tat so, als wollte er weitergehen.
»Es wird schon dunkel«, sagte einer der beiden. »Du scheinst fremd hier. Bleib bei uns. Wir wollen unser Abendbrot gern mit dir teilen.«
Jesus folgte ihrer Einladung.

Als sie sich zum Abendessen an den Tisch setzten, nahm Jesus ein Stück Brot in die Hand. Er brach es in kleine Stücke, segnete es und reichte es ihnen. Da fiel es wie Schuppen von ihren Augen. Wie blind sie gewesen waren! Jesus war an ihrer Seite gegangen, und sie hatten ihn nicht erkannt. Sie sprangen von ihren Stühlen auf, aber noch im selben Augenblick war Jesus verschwunden.
»Wir haben es mit unseren eigenen Augen gesehen! Jesus lebt«, sagte einer von ihnen. »Brannte es nicht wie Feuer in unserem Herzen, als wir unterwegs mit ihm sprachen?«

Die beiden machten sich sofort auf den Weg und kehrten nach Jerusalem zurück. Sie gingen zu den anderen Jüngern und erzählten, was sie erlebt hatten.
Noch während sie sprachen, stand plötzlich Jesus neben ihnen.
»Friede sei mit euch«, sagte er.

Einige Jünger erschraken. War das wirklich Jesus? War das ein Geist, der sie täuschen wollte?
Da zeigte ihnen Jesus die Wunden an seinen Händen und Füßen. Er aß und trank mit ihnen, und immer wieder berührten ihn einige Jünger voller Staunen und voller Freude.
»Ihr seid jetzt Zeugen geworden von all dem, was geschehen ist«, sagte Jesus zu den Jüngern. »Geht in die Welt hinaus und erzählt, was ihr gesehen habt.«

HIMMELFAHRT

JESUS NAHM BALD ABSCHIED VON DEN JÜNGERN.
»Ich wurde einst mit Wasser getauft, ihr werdet schon bald mit dem Geist Gottes getauft!«, sagte er zu ihnen. »Der Heilige Geist wird euch beflügeln und euch Kraft geben. Dann könnt ihr in der ganzen Welt als meine Zeugen auftreten und den Menschen von mir erzählen. Ich werde im Himmel sein, an der Seite meines Vaters.«
Noch während er das sagte, wurde er vor ihren Augen in die Luft gehoben. Er verschwand in einer Wolke, die in die Höhe stieg und strahlend hell über ihnen am Himmel stand. Noch während die Jünger in den Himmel schauten, standen plötzlich zwei weiß gekleidete Männer neben ihnen.
»Was schaut ihr in den Himmel?«, fragten sie die erstaunten Jünger. »Jesus ist so gut da oben wie hier unten. Er ist bei seinem Vater im Himmel, und er geht neben euch, wenn ihr Augen habt, ihn zu sehen. Und wann immer ihr ihn braucht, dann werdet ihr seine Stimme hören, wenn ihr Ohren habt, ihn zu hören ... So, wie er in den Himmel hinaufgestiegen ist, kann er auch wieder herabsteigen.«

Die Jünger erzählten den Menschen von Jesus und seiner Auferstehung, und viele, die ihnen zuhörten, ließen sich von ihnen taufen. Die Taufe war das Zeichen ihrer Verbundenheit mit Jesus.

DAS PFINGSTFEST

DIE JÜNGER und alle, die sich Jesus verbunden fühlten, hatten sich zum Pfingstfest versammelt. Plötzlich erfüllte ein mächtiges Rauschen die Luft. Es war, als würde ein unsichtbarer Sturm vom Himmel herabwehen. Alle schauten erstaunt nach oben.
Ein helles Feuer war über den Jüngern und den anderen, die gekommen waren, um Jesus zu ehren. Das Feuer zerteilte sich in kleine Flammen, die über den Köpfen der Männer und Frauen flackerten und tanzten.
Alle spürten die Anwesenheit Gottes, und sie begannen, in vielen Sprachen zu reden, jeder in einer anderen.
Die Leute liefen zusammen und staunten.
»Wie kann das sein!«, riefen sie durcheinander. »Die Jünger und ihre Freunde reden in unseren Sprachen, sie kennen alle unsere Muttersprachen, und dabei haben sie doch ihr Land nie verlassen! Wie ist das möglich? Was hat das zu bedeuten?«

Da trat Petrus in ihre Mitte und erhob seine Stimme. Er erzählte von Jesus, von seinen Taten und Wundern und von seinem gewaltsamen Tod am Kreuz.
»Aber nicht einmal der Tod konnte Jesus festhalten«, rief Petrus den staunenden Leuten ringsum zu.
»Nach drei Tagen ist er auferstanden. Sein Grab ist leer, ich habe es selbst

gesehen! Und jetzt ist er unter uns, er erfüllt uns mit seinem heiligen Geist. Deshalb tanzen und feiern wir und loben ihn in vielen Sprachen! Jeder, der auf ihn vertraut und sich in seinem Namen taufen lässt, ist gerettet.«
Die Worte des Petrus trafen viele mitten ins Herz. Jesus war von den Toten auferstanden?

Noch in dieser Stunde ließen sich Tausende durch die Jünger taufen. Sie teilten das Brot miteinander und waren mit Gott im Gebet verbunden. So entstand eine Gemeinschaft, die – Tag für Tag – größer wurde.

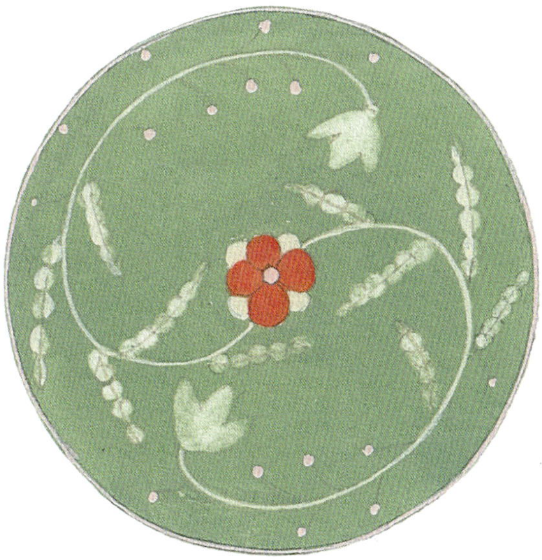

PHILIPPUS UND DER REISENDE

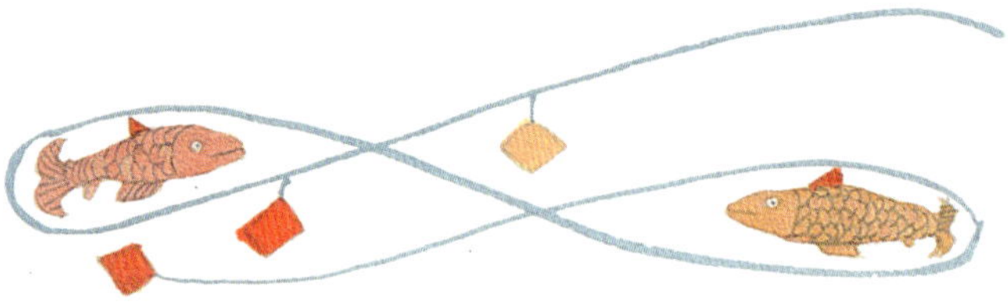

AUCH PHILIPPUS, einer der Jünger, war viel unterwegs, um den Menschen die Botschaft von der Auferstehung zu bringen und um sie zu taufen.
Auf einem seiner Wege kam ihm ein Reisewagen entgegen. Ein Fremder saß im Wagen, ein vornehmer Mann. Er war ein Gesandter der äthiopischen Königin. Er hatte sich auf den Weg gemacht, um mehr zu erfahren über den geheimnisvollen Jesus, von dem er schon viel gehört hatte. Er saß in seinem Wagen und las in den Schriften des Propheten Jesaja.
»Verstehst du denn, was du da liest?«, fragte Philippus den Reisenden.
»Wie sollte ich, wenn niemand mir den Inhalt dieser Zeilen erklärt?«, fragte der Mann.

Philippus stieg zum Reisenden in den Wagen und erklärte die Worte des Propheten. Er erzählte von Jesus, von seinem Wirken, von seinem Tod am Kreuz und von seiner Auferstehung.
»Jesus lebt!«, sagte Philippus. »Wir haben es alle mit eigenen Augen gesehen. Er bereitet einen Platz im Himmel für uns vor. Viele lassen sich taufen, in seinem Namen.«

Der Reisende dachte über das Gehörte nach. Bei einer Wasserstelle ließ er den Wagen anhalten.

»Ich fühle mich diesem Jesus verbunden«, sagte er zu Philippus. »Würdest du auch mich taufen?«

Philippus stieg mit dem Mann ins nahe Wasser und taufte ihn. Als sich der Getaufte nach ihm umdrehte, war Philippus plötzlich verschwunden.
»Es geschehen Zeichen und Wunder«, sagte der Reisende erstaunt.
Voll Freude über das Erlebte setzte er seinen Weg fort.

DIE REISEN DES PAULUS

SAULUS AUS TARSUS war der Anführer einer Gruppe von Soldaten. Er war von vielen gefürchtet. Saulus und seine Männer verfolgten die Jüngerinnen und Jünger, die von Jesus und der Auferstehung erzählten.
»Dieser Jesus von Nazaret war ein Gotteslästerer!«, sagte Saulus. »Wer seine Lehren verbreitet, muss verhaftet werden.«

Einmal war Saulus mit seinen Männern auf dem Weg nach Damaskus. Da umstrahlte ein helles Licht das Land und die Stadt. Das Licht wurde immer stärker und blendete Saulus. Er stürzte zu Boden.
»Saul, Saul, warum verfolgst du mich?«, hörte er eine Stimme fragen. Sie schien direkt aus dem hellen Lichtstrahl zu kommen. Saulus konnte nichts sehen.
»Herr, wer bist du?«, fragte er ängstlich.
»Ich bin der, den du verfolgst«, sagte die Stimme. »Ich bin Jesus. Steh auf und geh in die Stadt. Dort wartet eine Aufgabe auf dich!«

Die Männer des Saulus waren erschrocken über das Licht stehengeblieben. Auch sie hatten die Stimme gehört.
Saulus erhob sich vom Boden. Er öffnete die Augen – aber er konnte nichts sehen! Seine Männer mussten ihn an der Hand nehmen und in die Stadt führen.

Drei Tage lang blieb Saulus blind. Er konnte weder etwas essen noch etwas trinken, so sehr hatten ihn der mächtige Lichtstrahl und die Begegnung mit Jesus verwirrt.

In Damaskus lebte ein Jünger namens Hananias. Ihn schickte Jesus zu Saulus.
»Jesus möchte dir die Augen öffnen«, sagte Hananias und legte dem Erblindeten die Hände auf. Da konnte Saulus wieder sehen.
Er ließ sich noch am selben Tag taufen. Aus Saulus, der die Anhänger von Jesus verhaften ließ, wurde Paulus, ein Jünger, der selbst viele Reisen unternahm, um andere zum Glauben zu bekehren.

Eines Tages kam Paulus auch nach Griechenland, in die Hauptstadt Athen.
Überall sah er Götterstatuen aus Stein. Viele Götter wurden verehrt. Ob da auch Platz für seinen Gott war?
Auf einem Sockel entdeckte er die Inschrift: Für einen unbekannten Gott.
Paulus stellte sich mitten unter die Menschen und sagte:
»Ich kann euch von diesem unbekannten Gott erzählen, den ihr hier verehrt!«
Er erzählte von Jesus, von seiner Kreuzigung und von seiner Auferstehung.
Er berichtete auch von dem Wunder, das ihm selbst widerfahren war.
Bald versammelten sich zahlreiche Frauen und Männer um ihn, und viele kamen zum Glauben.

DAS TOR WIRD OFFEN STEHEN

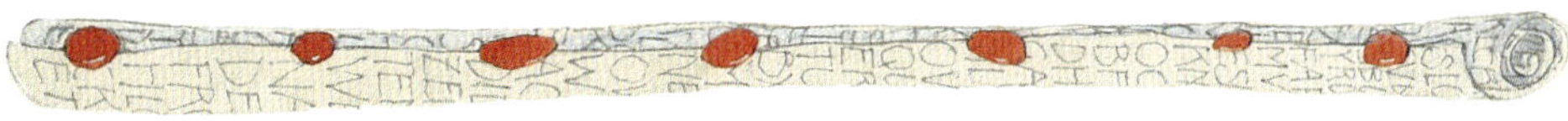

WIE WIRD DIE STADT ALLER STÄDTE, die Stadt Gottes, aussehen? Johannes hat sie im Traum gesehen. Er erzählt von ihr:

»Die Stadt aller Städte wird hell sein, hell und groß.
Eine Stadtmauer wird sie umgeben, und Engel werden ihre Tore bewachen.
Die Straßen werden aus Gold sein, das so durchsichtig ist wie Glas. Es wird keinen Tempel geben, denn Gott selbst ist der Tempel.
Die Könige dieser Erde werden ihre Reichtümer in die Stadt tragen.
Dort ist auch der Fluss mit dem Wasser des Lebens. Er funkelt wie ein Kristall.
Dieser Fluss fließt in der Mitte der Hauptstraße durch die Stadt. Wer durstig ist, darf kommen und trinken. Er wird das Wasser des Lebens geschenkt bekommen.
An beiden Seiten des Flusses wachsen Bäume, sie gehören zum Baum des Lebens aus dem Paradies. Zwölf Mal im Jahr werden sie Früchte tragen, und ihre Blätter werden den Menschen aller Völker als Heilmittel dienen.

Die Tore der Stadt werden immer offen stehen. Sie werden nie geschlossen, weil es keine Nacht und keine Dunkelheit mehr geben

wird. Die Stadt der Städte braucht weder Sonne noch Mond, denn Gott selbst strahlt in ihr.

In dem Licht, das von der Stadt Gottes ausgeht, werden die Völker in Frieden leben.«

BIBELSTELLENREGISTER

ALTES TESTAMENT

Die Erschaffung der Welt	1. Mose/Genesis 1,1–2,4a
Das Paradies	1. Mose/Genesis 2,4b–3,24
Kain und Abel	1. Mose/Genesis 4,1-16
Die große Flut	1. Mose/Genesis 6,5–9,17
Der Turmbau zu Babel	1. Mose/Genesis 11,1-9
Josef und seine Brüder	1. Mose/Genesis 37,1-35
Der Traum des Pharaos	1. Mose/Genesis 39,1–50,26
Moses Geburt und Rettung	2. Mose/Exodus 1,1–2,10
Der Auszug aus Ägypten	2. Mose/Exodus 3,1–15,21
Am Berg Sinai	2. Mose/Exodus 19,1–20,21
David und Goliat	1. Samuel 17,1-54
Die Berufung Jesajas	Jesaja 6,1-10; 2,1-4; 9,1-6; 11,1-10

NEUES TESTAMENT

Jesus wird geboren	Lukas 2,1-20
Die Sterndeuter	Matthäus 2,1-12
Jesus im Tempel	Lukas 2,41-52
Die ersten Jünger	Lukas 5,1-11
Die Hochzeit in Kana	Johannes 2,1-12
Jesus heilt einen Gelähmten	Markus 2,1-12
Jesus und die Kinder	Markus 10,13-16
Der barmherzige Samariter	Lukas 10,25-37
Die Bergpredigt	Matthäus 4,25–7,29
Das letzte Abendmahl	Markus 14,12-25

NACHWORT

Die Bibel ist ein Lesebuch, genau genommen ist sie eine ganze Bibliothek. Sie bietet eine große Fülle an Texten unterschiedlicher Gattungen, die etwa zwischen dem 9. Jahrhundert v. Chr. und dem 2. Jahrhundert n. Chr. entstanden sind. Aber die Bibel ist noch mehr: Sie ist ein Lebensbuch. Die Erfahrungen, die sich in ihr niedergeschlagen haben, stammen aus dem Leben von Männern, Frauen und Kindern, die sich mit Gott verbunden wussten und ihre eigene Existenz als von Gott gewollt und bejaht begriffen. Es lohnt sich, in diesen alten und gleichzeitig immer wieder aktuellen Texten zu lesen und sich dabei von unerwarteten Entdeckungen überraschen zu lassen. Die Bibel erzählt uns davon, dass Gott ein lebendiger Gott ist, der sich den Menschen zuwendet. Ein Gott, der uns beschenkt und dem daran gelegen ist, dass wir mündig und aufrecht unseren Weg gehen.

Heinz Janisch schreibt Literatur für Kinder und Erwachsene. Er ist ein Autor, der es auf intuitive und imaginative Weise versteht, die Geschichten der Bibel in einen Raum voller Farbe, Wärme und Lebendigkeit zu stellen. Die biblischen Geschichten, wie er sie uns erzählt, bewegen uns und wirken nach. Heinz Janisch nimmt die geschilderten Ereignisse mit dem Herzen wahr. Er hat eine Sprache für sie gefunden, die das Herz direkt erreicht.

»Am Anfang war das Wort, und das Wort war bei Gott.« Dieser Satz aus dem Prolog – dem Vorwort – des Johannesevangeliums im Neuen Testament steht in diesem Buch an erster Stelle. Der Autor stellt ihn der Schöpfungserzählung voran und setzt damit die biblischen Berichte in einen heilsgeschichtlichen Rahmen, der in Jesus Christus seine Mitte und sein Ziel hat. Und dieser ebenso überraschende wie einleuchtende

Kunstgriff vermittelt noch mehr, die erste grundlegende Aussage über Gott am Anfang der Bibel wird auf diese Weise noch verstärkt: Gott spricht. Er ist das Wort. Gott ist Kommunikation. Wenn Gott spricht: »Es werde …«, dann bedeutet das für alles, was er ins Leben ruft, und auch für uns: Du sollst sein!

Heinz Janisch gelingt es in seiner dichterischen Nacherzählung, die Ereignisse lebendig zu entfalten, und er bietet dadurch zusätzlich einen theologischen Erkenntnisgewinn. So etwa in der Geschichte von David und Goliat: »David, der Hirtenjunge, wurde gefeiert wie ein König.« In diesem Satz am Ende leuchtet es erzählerisch auf: Dieser Bericht gehört zu den drei Texten, die davon handeln, wie David König wird.

Die Qualität von Lisbeth Zwergers Kunst bezeugen zahlreiche Auszeichnungen, nicht zuletzt der Hans-Christian-Andersen-Preis für ihr Lebenswerk. Mit ihren traumhaft stillen Bildern zur Bibel öffnet sie uns die Augen für die verborgene Welt, die göttliche Wirklichkeit.
Es lassen sich einige kunstgeschichtliche Bezüge ausmachen. So findet sich etwa Michelangelos – wenn auch gespiegelte – Hand Gottes aus der Sixtina in ihrem Schöpfungsbild. Und in der Darstellung des feuerrot ummantelten Engels, der den Hirten auf dem Feld erscheint, geht sein Haar über in ein Spruchband. Ein solches Spruchband ist häufig auf Gemälden des ausgehenden Mittelalters zu sehen, auf denen der Engel der Maria oder den Hirten erscheint. Dort ist es meist versehen mit dem sogenannten Englischen Gruß, dem »Ave Maria«, oder dem »Gloria«. Das Bild, auf dem die Sterndeuter vor Maria und ihrem Kind Jesus niederknien, erinnert nicht nur von fern an Max Ernsts Gemälde »Die Jungfrau züchtigt das Jesuskind vor drei Zeugen: André Breton, Paul Éluard und dem Maler«. Bis in die Farben und die architektonischen Elemente hinein lehnt sich Lisbeth Zwerger an die Darstellung des Surrealisten an. Auch er einer, der hinter die Oberfläche dieser Welt blickte.

Unvergleichlich und zauberhaft erscheint der Engel, der Maria die Kunde von der göttlichen Schwangerschaft und Geburt überbringt. So groß ist seine Hochachtung vor Maria, dass er auf die Knie fällt und seinen Heiligenschein wie einen Hut vor ihr abnimmt. Eine Ehrenbezeugung der himmlischen Welt vor einer Frau, die es auf sich genommen hat, einen Sohn zu gebären, von dem sie wusste, dass er »Sohn Gottes« genannt werden würde. Von dem sie auch wusste, dass niemand recht verstehen würde, woher dieser Jesus wirklich stammt. Im Himmel jedoch war alles längst beschlossen, davon kündet dieser Bote.

Lisbeth Zwergers Bilder sind wie Träume von einem Leben, wie Gott es sich gedacht haben könnte. Ganz im Irdischen verwurzelt, konkret, gleichzeitig aber schwebend und leicht, nach oben ausgerichtet, verbunden mit der Quelle des Lebens.

Wer auf dieses für die ganze Familie bestimmte Buch gestoßen ist, hält einen schönen Teil des Schatzes in Händen, den die Bibel ausmacht. Das Wort »Bibel« kommt vom griechischen »biblion« und bedeutet »Buch«. Und dieses von Heinz Janisch und Lisbeth Zwerger gestaltete Werk verschafft uns einen persönlichen Zugang zu Berichten, in denen wir von unserem eigentlichen Ursprung und Ziel erfahren. Das ist kein alltäglicher Vorgang, dafür dürfen wir uns Zeit nehmen. Wenn es geschieht, dass wir beim Lesen der Geschichten und Betrachten der Bilder etwas von der göttlichen Wirklichkeit erahnen können, dann bereichert das unser Leben um eine Perspektive, die über uns hinausweist: Wir werden – vielleicht nur für einen Moment – herausgerufen aus unseren täglichen Erfordernissen und eingeladen in eine Beziehung zum Ewigen, eine Beziehung, in der wir uns geborgen und geliebt wissen dürfen.

Mathias Jeschke

HEINZ JANISCH wurde 1960 in Güssing, Österreich, geboren. Er studierte Germanistik und Publizistik in Wien. Seit 1982 ist Heinz Janisch Mitarbeiter beim Österreichischen Rundfunk. Als Redakteur betreut er die Hörfunkreihe »Menschenbilder«.
Es gibt von Heinz Janisch zahlreiche Veröffentlichungen, darunter viele Kinder- und Jugendbücher, die in mehr als 25 Sprachen übersetzt wurden. Er hegt eine besondere Liebe zum Gedicht und zum Bilderbuch, hat aber auch mehrere Arbeiten fürs Theater geschrieben.
Für seine Arbeit erhielt Heinz Janisch etliche Auszeichnungen, darunter der Österreichische Staatspreis für Kinderlyrik, der Österreichische Kinder- und Jugendbuchpreis, der Bologna Ragazzi Award, die Nominierung zum Deutschen Jugendliteraturpreis.
Heinz Janisch lebt mit seiner Familie in Wien und im Burgenland.

MATHIAS JESCHKE wurde 1963 in Lüneburg, Deutschland, geboren. Er hat Theologie studiert und arbeitet als Verlagslektor bei der Deutschen Bibelgesellschaft in Stuttgart, dort betreut er das Kinder- und das Hörbuchprogramm.
Zudem veröffentlicht Mathias Jeschke Gedichtbände und Bilderbücher und gibt eine Buchreihe mit moderner deutschsprachiger Lyrik heraus.

LISBETH ZWERGER wurde 1954 in Wien geboren und studierte an der Hochschule für Angewandte Kunst in Wien. Sie gehört international zu den renommiertesten Illustratorinnen klassischer Märchenstoffe und ist eine grandiose Interpretin von Texten aus der Weltliteratur.
Ein zarter, deshalb nicht weniger wirksamer Humor bei der Charakterisierung von Figuren, Freude am Geheimnisvollen und Magischen sind Merkmale der Kunst Lisbeth Zwergers. Auf diese Weise verstärken ihre Bilder den Zauber einer Geschichte und versuchen nicht, ihn zu enträtseln und zu erklären.
Für ihre lange Liste von illustrierten Büchern ist Lisbeth Zwerger mit den höchsten Preisen ausgezeichnet worden, darunter der Rattenfängerpreis von Hameln und der Hans-Christian-Andersen-Preis, der für ein Lebenswerk vergeben wird.

MIX
Papier aus verantwortungsvollen Quellen
FSC® C107574

In Zusammenarbeit mit der Deutschen Bibelgesellschaft, Stuttgart
www.dbg.de

Projektleitung: Andrea Naasan
Lektorat: Mathias Jeschke
Covergestaltung: fraufederer.ch, Zürich
Gestaltung: Behrend & Buchholz, Hamburg
Druck und Bindung: Balto print, Vilnius, Litauen
ISBN 978-3-314-10301-8 (NordSüd Verlag AG)
ISBN 978-3-438-04009-1 (Deutsche Bibelgesellschaft)
1. Auflage 2016

www.nord-sued.com
Bei Fragen, Wünschen oder Anregungen schreiben Sie bitte an:
info@nord-sued.com